ALLES ÜBER

Kaffee

INHALT

KAFFEE IST FERTIG!

„Kaffee ist die Milch der Denker und Schachspieler“, lautet ein arabisches Sprichwort. Nicht umsonst fürchteten einst Kirche und Politik in Orient und Okzident das subversive Potenzial des belebenden Getränks, denn was heute gilt, galt auch damals schon: Kaffee regt an und verbindet. Am besten schmeckt er in Gesellschaft. Und diese Gesellschaft traf sich in Kaffeehäusern, diskutierte, agitierte gegen Staat und Status quo. Während der Kakao, der Europa etwa zeitgleich zum Kaffee erreichte, als Sinnbild von Müßiggang und nobler Dekadenz galt, etablierte sich Kaffee als Lebenselixier des aufgeklärten Bürgertums und befeuerte angeblich ganze Revolutionen. Und obwohl die Herrschenden hier und da mit hohen Zöllen und Steuern versuchten, das gemeine Volk vom Kaffee fernzuhalten, gelang das bekanntermaßen nicht.

In vergangenen Krisenzeiten war eine Tasse Kaffee häufig nicht nur im übertragenen Sinne Gold wert, sondern avancierte im Nachkriegsdeutschland neben Zigaretten und Kaugummi zur beliebten Schwarzmarktwährung. Doch die Zeiten änderten sich, und auch die Deutschen gelangten dank Wirtschaftswunder zu neuem Wohlstand. Damit hielt der begehrte Bohnenkaffee, wie man ihn seinerzeit in Abgrenzung zu Muckefuck und Co. gern ausdrücklich nannte, massenweise Einzug in den Alltag. Diese Entwicklung bezeichnet man heute als sogenannte erste Kaffeewelle – Kaffee wurde zum Konsumgut. Aber was da seinerzeit aus den Kaffeefiltern und ersten elektrischen Kaffeemaschinen tropfte, konnte geschmacklich häufig nicht überzeugen – Kaffee war zwar erschwinglich geworden, ließ aber an Qualität vielfach zu wünschen übrig.

Vor diesem Hintergrund entwickelte sich eine neue Kaffeekultur, deren Anhänger den Blick über den Tellerrand wagten und sich vor allem von der italienischen Art des Kaffeegenusses inspirieren ließen. Damit begann eine massive Technisierung der Kaffeewelt. Man setzte fortan auf

chromblitzende Espressomaschinen, diskutierte über Wasserdruck und Extraktionszeiten und philosophierte über den besten Mahlgrad für den legendären „God Shot“, wie Aficionados den einen, perfekten Espresso gern bezeichnen. Ihren Ausgang nahm die Bewegung, die als zweite Kaffeewelle gilt und der Welt auch Kaffeepads und Kapselmaschinen bescherte, in den 1970er-Jahren in den USA, um Europa in den 1990er-Jahren mit voller Wucht zu erreichen.

Nachdem man Geschmack am Geschmack gefunden hatte, begann kurz vor der Jahrtausendwende zunächst die US-amerikanische, dann auch die europäische Kaffeetrinkergemeinde, sich Gedanken um Nachhaltigkeitsfragen zu machen. Es entstand ein neues Interesse daran, woher der Kaffee kommt, der einem den Tag auch ohne Zucker versüßt, wer ihn herstellt und ob er fair gehandelt wird. Und bei der Zubereitung spielt aufwendige Technik eine untergeordnete Rolle. Die Vertreter der dritten Kaffeewelle arbeiten gern wieder mit Handfilter und Kaffeekanne wie einst die Großmutter und nehmen sich Zeit für den Genuss, statt mit dem Pappbecher in der Hand durch den Großstadtdschungel zu eilen.

Doch ob aus der French Press, der Siebträgermaschine oder handgefiltert: Guter Kaffee entsteht auf viele Weisen – und ist für seine Freunde Lieblingsgetränk, Lebenselixier und pure Lust. Dieses kompakte Handbuch erzählt die faszinierende Geschichte des schwarzen Goldes, erklärt Sorten, Ernte, Verarbeitung und Röstung, reist durch Anbauländer, präsentiert Zubereitungsarten und köstliche Kaffeerezepte. Der umfassende Porträtteil stellt 50 der berühmtesten und interessantesten, traditionsreichsten und außergewöhnlichsten Kaffeemarken und Spezialitätenröstereien von A bis Z vor. Hier erfahren Sie alles Wissenswerte über große Marken wie Lavazza, Dallmayr oder Segafredo, und auch Fans von kleinen, feinen Röstereien erhalten Anregungen und Tipps in Hülle und Fülle.

Wir wünschen Ihnen viel Vergnügen und Genuss bei der Lektüre!

KAFFEEWISSEN

GESCHICHTE DES KAFFEES

Kaum eine Nation weltweit trinkt so viel Kaffee wie die Deutschen – nämlich rund 149 Liter im Schnitt pro Person und Jahr. Übertroffen werden sie lediglich von den US-Amerikanern und den skandinavischen Völkern. Vielen Menschen gilt ein Tag, der nicht mit einer Tasse Kaffee beginnt, als verlorener Tag. Und längst geht die Kultur des Koffeingenusses weit über den Konsum von Maschinenkaffee in Büroqualität hinaus: Es wird nach wissenschaftlichen Kriterien gepresst, gefiltert und gebrüht, und wer etwas auf sich hält, trinkt edle Herkunftskaffees.

Wie der Kaffee zu seinem Namen kam

Über die Herkunft des Wortes „Kaffee" gibt es verschiedene Theorien. So vermuten einige, dass der Muntermacher seinen Namen seiner äthiopischen Heimat, der Provinz bzw. dem Königreich Kaffa, verdankt. In den insgesamt 82 Sprachen, die in Äthiopien zu Hause sind, bestehen für Kaffee die Bezeichnungen *bun* und *kawa* in diversen Varianten, die auf die ehemaligen Provinzen Kaffa und Buno zurückgehen könnten.

Nach einer anderen Theorie liegen die Wurzeln des Wortes „Kaffee" in dem altarabischen Wort *qahwah*, das „anregendes Getränk", aber auch „Wein" bedeutet. Letzterer war den Muslimen bekanntlich verboten, sodass man ersatzweise auf Kaffee auswich, der sich nach und nach als „Wein des Islams" etablierte. Aus der arabischen Variante *qahwah* entwickelte sich dann mit der Verbreitung des Kaffees der türkische *kahve*, der dann zum Beispiel als „caffè", „café" und „Kaffee" Einzug in die europäische Kultur hielt.

Doch mag die westliche Welt die zeitgenössische Kaffeekultur auch maßgeblich prägen: Die Geschichte des Kaffees begann in Afrika im abessinischen Hochland vor mehr als tausend Jahren. Von dort aus nahm der Kaffee seinen Weg zunächst in die arabische Welt und dann nach Europa und Übersee – und ist heute eines der wichtigsten Welthandelsprodukte.

DIE ANFÄNGE

Erstmals schriftlich erwähnt wurde Kaffee in seiner äthiopischen Ursprungsregion, dem späteren Königreich Kaffa, im 9. Jahrhundert, doch bekannt war er dort vermutlich schon lange vorher. Um die Entdeckung seiner Wirkung ranken sich diverse Legenden. Unter anderem heißt es, der Prophet Mohammed persönlich habe den Kaffee entdeckt: Er sei eines Tages so schwer erkrankt, dass jede Heilung unmöglich schien. Dann aber soll ihm der Erzengel Gabriel ein dampfendes dunkles Getränk gebracht haben, das ihn auf der Stelle gesund machte und so stärkte, dass er noch in derselben Nacht 40 bewaffnete Reiter besiegen und 40 Frauen beglücken konnte.

Bekannter ist wohl die Geschichte, die der syrische Maronitenmönch und Philologieprofessor Faustus Naironus Banesius 1671 in seinem „Traktat vom Kaffee" niederschrieb. In dieser Version beklagte sich einst der Ziegenhirte eines christlichen Klosters im Jemen bei den Mönchen, dass seine Herde in der Nacht keinen Schlaf mehr finde. Die Tiere, so berichtete er, würden nächtelang herumspringen, tanzen und hüpfen und keine Anzeichen von Müdigkeit zeigen. Der Prior des Klosters vermutete die Ursache für dieses Verhalten im Futter und schickte zwei Mönche mit dem Hirten los. Sie sollten die Ziegen beobachten, um herauszufinden, was sie fressen, und entdeckten einen Pflanzenstrauch, der gleichzeitig kleine weiße Blüten und kirschenähnliche Früchte trug. Aus den verschiedenen Pflanzenteilen, die sie mitnahmen, bereitete man dann im Kloster einen Aufguss zu. Davon tranken die Mönche und blieben die ganze Nacht lang wach, ohne einen Funken Müdigkeit zu verspüren. Diese Wirkung kam ihnen natürlich sehr entgegen, denn so konnten sie ihre Ordensregeln, zu denen auch nächtliche Gebete und Wachzeiten gehörten, viel leichter einhalten, und der Aufguss wurde fester Bestandteil des klösterlichen Speiseplans. So kam es, dass das belebende Getränk auch reisenden Kaufleuten vorgesetzt wurde, die, begeistert über dessen Wirkung, begannen, mit den Fruchtkernen zu handeln. Auf diese Weise eroberte der Kaffee der Legende nach allmählich den gesamten Orient.

Aus Abessinien schließlich, der tatsächlichen Heimat des Kaffees, stammt die Erzählung von dem uralten Pilger Bata Maryan, der auf seinen Stock gestützt so lange meditierte,

In seiner Urheimat Äthiopien wird Kaffee noch heute im Rahmen einer feierlichen Zeremonie zubereitet.

Kaffeegenuss im Orient, romantisierend dargestellt auf dem Gemälde eines unbekannten französischen Meisters aus dem frühen 18. Jahrhundert (Pera Museum, Istanbul)

ohne etwas zu essen und zu trinken, bis er ohnmächtig zusammensank. Sein Stock blieb jedoch in der Erde stecken. Als der Alte wieder erwachte, fühlte er sich erfrischt und gestärkt, und seine gesamte Umgebung blühte. Sein Stock hatte sich auf wundersame Weise in eine Kaffeepflanze verwandelt und war dicht mit Blättern und roten Früchten bewachsen – womit die Geschichte des Kaffees ihren Anfang nahm.

Wie dem auch sei – aus Äthiopien gelangte die Kaffeepflanze über das Rote Meer in den Jemen, wo schon im 14. Jahrhundert in größerem Umfang Kaffee angebaut wurde. Als

Aufgussgetränk genossen hat man ihn aber offensichtlich erst ab Mitte des 15. Jahrhunderts. Von da an wurde er auch als Handelsware interessant, und es nimmt nicht wunder, dass die jemenitische Stadt Mokka als Exporthafen für den jemenitischen Kaffee namensgebend für die arabische Art der Kaffeezubereitung wurde. Die Erfolgsgeschichte des Kaffees ist auch ein Verdienst der vielen Mekka-Pilger, die den Kaffee bei den Gebetsstunden in den Moscheen des Wallfahrtsortes kosteten, wo er wegen seiner anregenden Wirkung gereicht wurde, und begeistert mit in ihre jeweilige Heimat trugen. So waren es auch Mekka und – als zweitwichtigster islamischer Wallfahrtsort – Medina im heutigen Saudi-Arabien, wo Anfang des 16. Jahrhunderts die ersten Kaffeehäuser entstanden ... und bald schon wieder verboten wurden. Denn Geistliche und Gelehrte fürchteten die neue Kaffeekultur wegen ihres subversiven Potenzials, weil in den „Kaffeehöhlen" nicht nur gespielt und geplaudert, sondern auch diskutiert wurde. Allerdings blieb der Kaffeehahn nicht lange zugedreht, denn das Getränk hatte schon zu viele Freunde gefunden, darunter auch den Sultan von Kairo, dem wiederum der Statthalter von Mekka unterstellt war. Er hob das Verbot auf, und in der Folge durfte Kaffee von Männern und Frauen wieder straffrei genossen werden.

Im 16. Jahrhundert berichteten erstmals Europäer über ihre Begegnungen mit dem orientalischen Getränk. So beschrieb der Augsburger Naturforscher Leonhard Rauwolf, der in den Jahren 1573 bis 1576 den Vorderen Orient bereist und im syrischen Aleppo den Kaffee kennengelernt hatte, diesen in seinem Reisebericht aus dem Jahr 1582 als wachhaltend und wohltuend für den Magen. Und rund 80 Jahre später notierte der Franzose Jean de Thévenot in seinem 1665 veröffentlichten Reisebericht seine Eindrücke von der Kaffeekultur, die er bei seinen Reisen in die Levante kennengelernt hatte: „Man trinkt [vom Kaffee] große Mengen. Arm und Reich trinken mindestens zwei Tassen täglich, und er gehört zu den Dingen, die ein Mann seiner Frau nicht vorenthalten darf." Versorgte der werte Gatte seine Frau nicht ausreichend mit Kaffee, war das sogar ein Scheidungsgrund.

Über Syrien gelangte der Kaffee dann in die Türkei, wo er 1511 erstmals erwähnt wurde, und 1554 entstand das erste Kaffeehaus in Konstantinopel. In der Folgezeit etablierten sich die Kaffeehäuser rasch als fester Bestandteil der Alltagskultur und sollten nur wenig später als Vorbild für die sich formierende Kaffeehauskultur in Europa dienen.

DER KAFFEE EROBERT EUROPA

Zwischen 1580 und 1583 hatte sich der italienische Arzt und Botaniker Prospero Alpini während eines Aufenthalts in Ägypten ausgiebig mit der dortigen Flora beschäftigt und seine Beobachtungen in dem 1592 veröffentlichten Werk „De Plantis Aegypti Liber" – Buch über die Pflanzen Ägyptens – festgehalten. Darin finden sich unter anderem Zeichnungen der Kaffeepflanze und des Kaffees. 1615 waren erstmals Kaffeebohnen unter den kostbaren Waren, die am Handelshafen von Venedig gelöscht wurden.

Doch der Kaffee muss Europa schon zuvor – und das nicht nur vereinzelt – erreicht haben, denn das belebende Getränk geriet schon deutlich früher zum Gegenstand lebhafter Auseinandersetzungen insbesondere in der katholischen Kirche. Ähnlich wie im Orient war es wohl vor allem das gesellige Potenzial des Kaffees, das ihn in den Augen der Geistlichkeit verdächtig machte, und seine Gegner forderten Papst Clemens VIII. sogar auf, ihn mit einem Kirchenbann zu belegen. Der aber war weise genug, das geschmähte Getränk zunächst einmal selbst zu kosten, und fand Geschmack am Kaffee. So beschied er noch kurz vor seinem Tod 1605, dass der Kaffee getauft und damit zu einem „wahren Christengetränk" gemacht werden solle. Dies mag ein Grund mehr für die Italiener gewesen sein, dem belebenden Getränk schon in der ersten Hälfte des 17. Jahrhunderts mit Freuden zuzusprechen. 1645 öffnete das erste Kaffeehaus in der Markusstadt seine Pforten, und weitere folgten. Sie wurden rasch zu beliebten Treffpunkten – übrigens für Männer und Frauen –, wo man sich zum Plausch, aber auch zum Abschluss von Geschäften bei einem Tässchen *caffè* traf.

Das Bild eines unbekannten Künstlers, das sich im Besitz des British Museum in London befindet, eröffnet einen Einblick in ein Londoner Coffeehouse um 1690–1700.

KAFFEEHAUSKULTUR IM EUROPÄISCHEN AUSLAND

Beinahe zeitgleich trat der Kaffee endgültig seinen Siegeszug in Europa an. Es entstanden Kaffeehäuser in Oxford (1650), London (1652), Marseille (1659,) Amsterdam und Den Haag (beide 1663), Paris (1672) und Bremen (1672), Wien folgte 1685. Besonders in den europäischen Hauptstädten Paris und London nahm die Kaffeehauskultur erheblichen Einfluss auf das gesellschaftliche und politische Leben.

Das erste Pariser Café war das „Procope“, das nach seiner Gründung 1672 im Jahr 1686 in die Rue des Fossés-Saint-Germain umzog, wo es sich bis heute befindet. Dort stärkten sich über die Jahrhunderte so illustre

Der Wiener Kaffeesieder Franz Zwirina stiftete 1885 für das Eckhaus Kolschitzkygasse/Favoritenstraße eine Kolschitzky-Skulptur, die von Emanuel Pendl geschaffen und am 12. September 1885 enthüllt wurde.

Wiener Kaffeehausgeschichte

Um die Gründung des ersten Kaffeehauses in Wien rankt sich die Legende von dem Polen Georg Franz Kolschitzky, der während der zweiten Belagerung durch die Türken 1683 als Dolmetscher in Diensten des Herzogs Karl von Lothringen stand. Kolschitzky gelang es, sich als Türke verkleidet durch die Linie der Belagerer zu schlagen, um mit der Meldung in die Stadt zurückzukehren, dass sich um Wien ein 70.000 Mann starkes Entsatzheer sammele, dass Karl zu Hilfe eilen sollte. Diese Nachricht ermutigte die Wiener, nicht aufzugeben und ihren Belagerern weiter standzuhalten. Als Belohnung für seinen Einsatz erhielt Kolschitzky angeblich eine beträchtliche Anzahl von Säcken rohen Kaffees, die die Türken auf der Flucht zurückgelassen hatten. Anders als sein Auftraggeber wusste er aufgrund seiner Reisen durch das osmanische Reich, was damit anzufangen sei, und eröffnete mit diesem Grundkapital das erste Kaffeehaus in Wien. Auf ihn soll übrigens auch die berühmte Wiener Melange zurückgehen. Wie viel Wahrheit in dieser Geschichte steckt, ist unklar. Sicher jedoch ist, dass die Wiener an Kolschitzkys historisch belegte Heldentat als Kundschafter mit einer Gasse im 4. Bezirk sowie einem Denkmal erinnern. Die Gründung des ersten Wiener Kaffeehauses 1685, so weiß man heute, geht allerdings auf einen armenischen Spion namens Johannes Diodato zurück, der in den Diensten des Wiener Hofes stand und die Kunst der Kaffeebereitung aus seiner Heimat mitgebracht hatte.

Gäste wie Voltaire, Rousseau, Robbespierre, Balzac, George Sand, Victor Hugo und das berühmte Philosophenpaar Simone de Beauvoir und Jean-Paul Sartre. Die Cafés der französischen Hauptstadt entwickelten sich zu Zentren des intellektuellen Lebens, und Kaffee geriet zum Getränk der Aufklärung, dessen belebende Wirkung man dem benebelnden Charakter des Alkohols vorzog. So boten die Cafés den perfekten Nährboden für reformerische und revolutionäre Gedanken, und die Rede des Anwalts und Journalisten Camille Desmoulins, die den Sturm auf die Bastille am 14. Juli 1789 und damit den Beginn der Französischen Revolution einläutete, fand wohl nicht zufällig in einem Café statt.

In London trugen die Coffeehouses den Beinamen „Penny Universities", denn sie galten als Ort intelligenter Gespräche für jedermann. Für einen Penny erhielt man dort ungeachtet von Herkunft, Beruf und Stand Zutritt – vorausgesetzt, man war ein Mann. Frauen waren unerwünscht. In den Cafés wurde nicht nur Politik gemacht, sondern auch Geschäfte. Viele Kaufleute nutzten sie gar als zweiten Firmensitz.

Eine Institution in Paris: das „Café de Flore" am Boulevard Saint-Germain, in dem Künstler und Intellektuelle wie Simone de Beauvoir, Jean-Paul Sartre und Albert Camus Stammgäste waren

Die geröstete Wurzel der Wegwarte diente in schlechten Zeiten oft als Kaffeeersatz.

Möglicherweise geht diese Bezeichnung auf den *mocca faux*, zu Deutsch „falscher Kaffee", zurück, den die französischen Soldaten 1870 während des Deutsch-Französischen Krieges oder während der französischen Besetzung des Rheinlandes unter Napoleon tranken und der im Laufe der Zeit ganz pragmatisch eingedeutscht wurde. In Frankreich dachte man umgekehrt beim Stichwort *café prussien* – preußischer Kaffee – an einen mit Zichorienkaffee gestreckten Bohnenkaffee.

Muckefuck und Blümchenkaffee

Not macht ja bekanntermaßen erfinderisch. Das gilt natürlich auch in Sachen Kaffee oder vielmehr Kaffeemangel. Bereits im 17. Jahrhundert hatte man begonnen, aus den Wurzeln der in Mitteleuropa weit verbreiteten Gemeinen Wegwarte den sogenannten Zichorienkaffee zu brühen. Dieser Praxis ist es übrigens auch zu verdanken, dass heute in unseren Salatschüsseln Chicorée, Radicchio & Co. landen. Gegen Ende des 19. Jahrhunderts nämlich entdeckte man, dass die Triebe der bei unsachgemäßer Lagerung keimenden Wurzeln der Gemeinen Wegwarte sich zum Verzehr als Salat eignen, und mit der Zeit entstanden die genannten Kulturformen.

Eine andere Variante war der Kaffee aus gebrannter Gerste und Malz, im Volksmund auch Muckefuck genannt.

Angesichts der hohen Kaffeepreise war es außerdem durchaus üblich, seinen Bohnenkaffee zweimal aufzubrühen. Der zweite Aufguss wurde scherzhaft „Blümchenkaffee" genannt, weil er so dünn war, dass man das Blumenmuster auf dem Tassenboden erkennen konnte. Eine nicht weniger anschauliche Bezeichnung war seinerzeit auch der „Bodensehkaffee".

DEUTSCHE KAFFEEKULTUR

In Zeichnungen wie „Der Kupferstecher Mathias Deisch und seine Frau beim Kaffee" aus dem 1773 geschaffenen „Tagebuch einer Reise von Berlin nach Danzig" porträtierte Daniel Chodowiecki (1726–1801) mit treffsicherer Beobachtungsgabe die bürgerliche Welt des friderizianischen Preußens.

In Deutschland ging man in Sachen Kaffee einen Sonderweg. Dort hielt er Einzug ins private Leben, bevor er die Öffentlichkeit eroberte. Dies lag vor allem daran, dass Deutschland, das seinerzeit aus einer Vielzahl von Kleinstaaten und Fürstentümern bestand, keine Kolonien besaß und Kaffee dort nur als teure Handelsware zu haben war. Und der Preußenkönig Friedrich der Große hatte erkannt, dass der Staat an Luxusgütern tüchtig verdienen konnte, und den Kaffee mit hohen Steuern belegt. So blieb das begehrte Getränk weitgehend wohlbetuchten Bevölkerungsschichten vorbehalten, der Rest der Deutschen begann seinen Tag weiterhin mit Mehlsuppe und gewärmtem Bier. Dennoch fand der Kaffee im 18. Jahrhundert nach und nach Eingang in den Alltag auch weniger begüterter Menschen: Denn man hatte erkannt, dass er den Hunger stillte, wenn das Geld nicht für eine ganze Mahlzeit reichte, und man wusste unter hoher Arbeitslast auch seine belebende Wirkung zu schätzen. Doch dann schossen die Steuern derart in die Höhe, dass kein einfacher Arbeiter sich auch nur ein Tässchen Kaffee leisten konnte. Die Steuerbelastung machte 150 Prozent des Kaufpreises

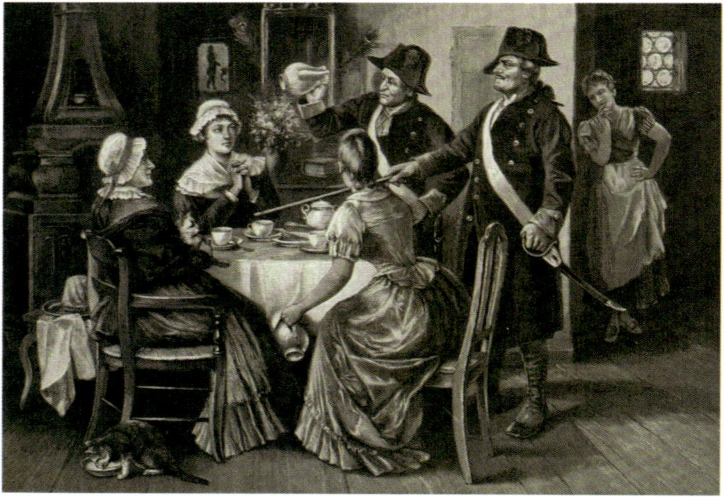

Auf dem Holzstich „Die Kaffeeriecher" (um 1880) nach einem Gemälde von Louis Katzenstein (1824–1907) kontrollieren Veteranen die Einhaltung des staatlichen Kaffeemonopols in Preußen.

von Kaffee aus. Ein Lot Kaffee, also 17 Gramm, kostete so viel wie das Tagesgehalt einer Spinnerin.

Diese Preispolitik öffnete dem Schmuggelhandel Tür und Tor, und der geruchsneutrale Rohkaffee war ein dankbares Schmuggelgut, das hohe Gewinne versprach. So gelangten große Mengen der wertvollen Bohnen an den Augen des Gesetzes vorbei unters Volk. Dies wurde Friedrich dem Großen irgendwann zu bunt, und nachdem er 1766 bereits die private Einfuhr und den privaten Handel mit Kaffee verboten hatte, erklärte er 1781 auch das Rösten von Kaffee zum Staatsmonopol. Von da an durfte Kaffee nur noch von den königlichen Röstereien gebrannt werden. Kontrolliert wurde die Einhaltung dieses Erlasses durch die „Kaffeeschnüffler", insgesamt rund 400 Veteranen des Siebenjährigen Krieges. Sie zogen durch die Berliner Gassen, um illegal gerösteten Kaffee aufzuspüren, und hatten das Recht, jedes Haus zu betreten und darin jedes Zimmer und jede Person zu untersuchen. Von Dauer sollte diese Regelung nicht sein – nach dem Tode Friedrichs 1786 wurden die Schnüffler ebenso wie das staatliche Kaffeemonopol von seinem Nachfolger Friedrich Wilhelm II. 1787 wieder abgeschafft.

Ungeachtet aller Widrigkeiten konnte sich der Kaffee im 18. Jahrhundert einen festen Platz in der Lebensart des deutschen Großbürgertums erobern und gewann auch die Herzen von Dichtern, Gelehrten und Künstlern. So galten Goethe und Alexander von Humboldt als passionierte Kaffeetrinker, und Johann Sebastian Bach adelte den Wachmacher 1734 gar mit einer eigenen Komposition, der humorvollen „Kaffeekantate", die in einem Leipziger Kaffeehaus aufgeführt werden sollte. Man schätzte den Kaffee vor allem, weil er sich hervorragend in Gemeinschaft und – anders als Alkohol – zu jeder Tages- und Nachtzeit trinken ließ. Besonders Frauen bot er eine unverfängliche Möglichkeit, der häuslichen Enge zu entfliehen und sich mit einem Kaffee bewirten zu lassen. In jener Zeit entstand auch die Tradition der „Kaffeekränzchen". Unter Freunden und Bekannten lud man sich gern zunächst zum Morgenkaffee, später auch gern zur Tasse Kaffee am Nachmittag ein, wobei die Rolle des Gastgebers reihum ging. Bei diesen Treffen trug die Gastgeberin einen Kranz auf dem Kopf, den sie dann an diejenige weitergab, die zum nächsten Termin einladen würde. Trotz aller Biederkeit, die man spontan mit der Institution des Kaffeekränzchens verbinden mag, erfreute

Goethe und die Chemie des Kaffees

Die entscheidende Anregung zur Entdeckung des Koffeins ist der Deutschen liebstem Dichter, Johann Wolfgang von Goethe, zu verdanken: Denn der universell Gelehrte, der die Chemie seine „heimliche Geliebte" nannte, hatte die Idee, Kaffee zu destillieren. Diesen Anstoß setzte dann der Chemiker Friedlieb Ferdinand Runge in die Tat um und isolierte auf diesem Wege im Jahr 1820 den so aufmunternden Wirkstoff des Kaffees.

sich dieser Brauch auch in intellektuellen Kreisen großer Beliebtheit. So gaben sich bei einem Berliner Kaffeekränzchen Mitte des 19. Jahrhunderts eine Reihe bekannter Schriftsteller/-innen wie Gisela von Arnim und Jacob Grimm ein Stelldichein. Obwohl durchaus auch Männer an den Treffen teilnahmen, war das Kaffeekränzchen, wie seine alternative Bezeichnung „Damenkränzchen" schon andeutet, eine weibliche Angelegenheit. Als Pendant für die Herren galt und gilt bis heute der Stammtisch.

Der deutsche Zeichner, Maler und Illustrator Christian Wilhelm Allers (1857–1915) wurde besonders durch naturalistische Porträts und Alltagsszenen wie dieses „Damenkränzchen" aus seiner Mappe „Club Eintracht – Eine Sommerfahrt" (1888, spätere Kolorierung) bekannt.

Kaffee und Gesundheit

In den vergangenen Jahrzehnten hat die Wissenschaft sich intensiv mit den Wirkungen des beliebten koffeinhaltigen Getränks auf die Gesundheit befasst und konnte viele Mythen um dessen schädlichen Charakter beseitigen.

So hat man herausgefunden, dass Kaffee den Blutdruck zwar unmittelbar nach dem Genuss ansteigen lässt, langfristig jedoch kaum auf den Blutdruck wirkt. Angeblich schützen drei bis fünf Tassen Kaffee täglich sogar vor Gefäßverkalkungen, wirken einer Diabetes-Neigung entgegen und verbessern die Insulin-Empfindlichkeit der Zellen. Das Risiko, Herzkrankheiten zu erleiden, vergrößert Kaffee nicht. Darüber hinaus gibt es Hinweise darauf, dass die Aufnahme von Koffein nicht nur das Risiko für Multiple Sklerose, sondern auch für Parkinson und Alzheimer verringert.

Auch krebserregend ist der Wachmacher nicht. Die Internationale Agentur für Krebsforschung (IARC), eine Einrichtung der Weltgesundheitsorganisation (WHO), hat Kaffee in einem Bericht von 2016 als „nicht karzinogen für den Menschen" eingestuft.

Auch die vermeintlich dehydrierende Wirkung von Kaffee ist inzwischen widerlegt. Wer Kaffee trinkt, führt seinem Körper Flüssigkeit zu. Und insbesondere beim Ausdauersport kann Kaffee sogar leistungsfördernd wirken.

Dass Kaffee bei Kopfschmerzen lindernd wirken kann, hat wohl fast jeder schon einmal am eigenen Leib erfahren – ebenso wie die verdauungsfördernde Wirkung von Kaffee.

HANDELSWARE KAFFEE

Die Entdeckung des Kaffees und seine Einführung in Europa hatte nicht nur spürbare Auswirkungen auf das gesellschaftliche Leben, sondern veränderte auch die Sphäre von Wirtschaft und Handel.

DIE DUNKLE SEITE DES KAFFEES

Obwohl die Araber ihr Wissen um den Kaffee wie ihren Augapfel hüteten und streng darüber wachten, dass keine keimfähigen Kaffeebohnen ins Ausland gelangten, war die Internationalisierung des Kaffeeanbaus nur eine Frage der Zeit. Zu interessant war der Kaffee als Handelsware, zu groß sein wirtschaftliches Potenzial. Recht bald gelang es den Kolonialmächten Portugal, Spanien und den Niederlanden, Kaffeepflanzen in ihre Kolonien zu bringen, wo das Klima dem Kaffeeanbau günstig war. Im Laufe des 18. Jahrhunderts machten sie den Kaffee nahezu entlang des gesamten Äquators heimisch und verdienten fürstlich an dem Luxusgut. Leidtragende dieser Entwicklung waren die Anbauländer, deren Bevölke-

Sklaven schuften im Jahr 1858 auf einer Kaffeeplantage in Suriname in Südamerika.

rung gnadenlos ausgebeutet wurde. Neben den heimischen Arbeitskräften mussten außerdem aus ihren Heimatländern entführte Afrikaner unter katastrophalen Bedingungen als Sklaven auf den Kaffeeplantagen arbeiten. Sie bezahlten mit ihren Leben dafür, dass Kaffee den internationalen Handel eroberte und dank seiner massenhaften Produktion für beinahe jedermann erschwinglich wurde. Unter welchen Bedingungen der Kaffee angebaut und geerntet wurde, interessierte seine Konsumenten damals noch nicht, und auch für die Staaten, in deren Kassen der Kaffee dank Zöllen und Steuern reichlich Geld spülte, bestand keine Veranlassung, sich mit dem Schicksal der Sklaven zu befassen.

Kaffee gehört bis heute zu den begehrtesten internationalen Handelsgütern, doch der Sklavenhandel ist Gott sei Dank längst Vergangenheit. Dennoch herrschen auf den Kaffeeplantagen dieser Welt teilweise noch immer verheerende Arbeitsbedingungen, und die Kaffeebauern sehen von den Gewinnen, die die großen Konzerne mit den begehrten Bohnen machen, kaum einen Cent.

FAIRTRADE

Vor diesem Hintergrund hat sich in den letzten Jahrzehnten die Fairtrade-Bewegung formiert, deren Ziel menschenwürdige Arbeitsbedingungen für den Kaffeeanbau sowie ein fairer Handel mit dem kostbaren Gut ist. Für Kaffee gibt es zwar kei-

Kaffeepflücker auf einer Kaffeeplantage in Tansania

nen offiziellen Weltmarktpreis, doch als Referenz für den Preis von Massenware gilt der Kaffeepreis an der New Yorker Börse, unter den im Normalfall kein Erzeuger geht. Allerdings herrscht trotz Kaffeeboom ein Überangebot an Kaffee am Weltmarkt, und die Einkäufer können den Kaffeepreis diktieren. Am kürzesten Hebel sitzen die kleinen Kaffeeproduzenten, an die nur rund zehn Prozent der Handelsgewinne fließen.

Dies zu ändern bemüht sich die vor allem auf Initiative von christlichen und Gewerkschaftsorganisationen gegründete Fairtrade-Bewegung. Aktuell finanzieren sich die meisten internationalen Fairtrade-Projekte zur Unterstützung der Kleinbauern in den Anbauländern durch Spenden oder öffentliche Fördermaßnahmen. Dabei setzt man vor allem auf Hilfe zur Selbsthilfe, um den wirtschaftlich benachteiligten Erzeugern einen Weg aus der Armut zu weisen. Als besonders wirksame Maßnahmen haben sich vor allem Abnahmegarantien, Mindestpreise und kurze Handelswege vom Erzeuger zum Verbraucher erwiesen.

Das Fairtrade-Konzept insgesamt beruht auf einem ganzheitlichen Ansatz, für den nicht nur wirtschaftliche Aspekte eine Rolle spielen. So werden die Bauern auch bei der Umsetzung umweltgerechter Anbaumethoden unterstützt, und das Engagement von Fairtrade betrifft auch die Förderung von Bildungs- und medizinischen Einrichtungen. Ausbeutung und Kinderarbeit sind selbstverständlich tabu.

Die Trans-Fair-Bewegung hat seit ihren Anfängen ungemein an Popularität gewonnen, und viele Trans-Fair-Produkte sind heute auch im Supermarkt erhältlich. Doch eben diese Tatsache ruft häufig auch die Kritiker auf den Plan, da – so der Vorwurf – bei den teureren Fairtrade-Produkten im Supermarkt vor allem die Handelsriesen hohe Gewinn einstreichen würden, während die Erzeuger einmal mehr das Nachsehen hätten. Neben der Zusammenarbeit mit multinationalen Konzernen wirft man den Fairtrade-Vereinen außerdem häufig vor, sie würden dem Verbraucher ihre Arbeit nicht transparent kommunizieren, und auch gerade die häufig im Kaffeeanbau tätigen Wanderarbeiter

Arbeiter prüfen auf einer Kaffeefarm in Kenia die Qualität der getrockneten Bohnen.

kämen nicht in Genuss der Förderung durch Fairtrade.

Im Kaffeesektor arbeitet Fairtrade außerdem nur mit Produzentenorganisationen und nicht unmittelbar mit den Erzeugern zusammen, die daher nicht einzeln zertifiziert werden können. Angesichts des weit verbreiteten Phänomens der Korruption sei nicht sicher, so die Kritiker, dass das Geld tatsächlich bei den richtigen Adressaten ankomme. Insgesamt fehle für die Kaffeefarmer ein unmittelbarer Anreiz, die Qualität ihres Kaffees zu verbessern. Daher haben in jüngerer Zeit alternative Modelle für fairen Handel erheblich an Boden gewonnen. Unter dem Stichwort „Relationship-Kaffee" wird Kaffee unmittelbar zwischen Erzeuger und Röster gehandelt. Damit dieses Konzept funktioniert, muss der Röster allerdings dauerhaft ausreichende Mengen abnehmen. Von „Direct Trade" spricht man, wenn der Röster unter Umgehung von Exporteuren und Importeuren in der Kaffeeindustrie unmittelbar beim Erzeuger einkauft. Voraussetzung ist auch hier, dass ausreichend Kaffee abgenommen wird.

KAFFEEARTEN

Insgesamt kennt man heute 124 unterschiedliche Kaffeearten, kommerziell genutzt werden jedoch im Wesentlichen die Arten Arabica und Robusta, das allerdings in einer Vielzahl von Varianten. *Coffea arabica*, wie der im Handel unter der Kurzbezeichnung Arabica vertriebene Kaffee in der wissenschaftlichen Nomenklatur heißt, macht rund 60 Prozent des international angebauten Kaffees aus. Bei den übrigen knapp 40 Prozent handelt es sich um Varianten von *Coffea canephora*, die im Handel allesamt unter dem Namen Robusta vertrieben werden.

Arabica- und Robusta-Bohnen sind äußerlich leicht auseinanderzuhalten: Arabica-Bohnen (links) haben einen geschwungenen Schnitt in der Mitte, während die etwas kleineren und rundlicheren Robusta-Bohnen einen geraden Einschnitt aufweisen.

ARABICA

Als edleres Familienmitglied gilt eindeutig der Arabica, der feiner und vielschichtiger ist als sein bodenständiger, robuster Verwandter. Anders als lange angenommen, stehen die beiden Arten übrigens nicht in einem geschwisterlichen Verhältnis, sondern Robusta ist ein Elternteil von Arabica. Man vermutet, dass es in der Region des Südsudans zu einer Kreuzung zwischen *Coffea canephora* mit *Coffea eugenioides* kam. Ergebnis dieser Begegnung war dann *Coffea arabica*, der von Äthiopien aus die

Arabica-Kaffeekirschen

Welt eroberte. Charakteristisch für den vielschichtigen Arabica-Kaffee, der aufgrund seiner Empfindlichkeit gegen Hitze am besten in der Höhe gedeiht, ist seine feine Fruchtnote, die man besonders in Skandinavien zu schätzen weiß. In anderen Ländern hingegen empfindet man diese, vor allem bei hochkonzentrierten Kaffeezubereitungen wie Espresso, als zu ausgeprägt. Darum haben viele Espressosorten einen Robusta-Anteil, in Süditalien trinkt man sogar am liebsten reinen Robusta-Espresso.

ROBUSTA

Der widerstandfähige Robusta, der um 1898 in den afrikanischen Tropen entdeckt wurde, mag zwar keine Trockenheit, hält jedoch hohen Temperaturen, wie sie in niedrigeren Lagen herrschen, problemlos stand, und seine Früchte reifen deutlich schneller als die der Arabica-Pflanzen. Robusta-Bohnen enthalten doppelt so viel Koffein wie Arabica und verleihen dem Kaffee ein erdiges, holziges Aroma, das – wie Kritiker bisweilen behaupten – gar an verbranntes Gummi erinnert. Robusta wird nur selten pur getrunken – sieht man einmal von

Robusta-Kaffeekirschen

löslichen Kaffees ab, die aus wirtschaftlichen Gründen häufig ausschließlich aus Robusta bestehen –, sondern entfaltet seine Qualitäten vor allem als Basis für eine Vielzahl von Blends. Er verleiht den Arabica-Kaffees Körper und trägt dazu bei, dass sie ihren vollen Geschmack entfalten können.

Doch nicht nur die Kaffeearten spielen eine entscheidende Rolle für den Geschmack des fertigen Kaffees, sondern auch die Herkunftsländer: Im Laufe der Zeit haben die Arabica-Sorten in jedem Anbauland ein charakteristisches Geschmacksprofil entwickelt, und auch durch die Kombination von Bohnen aus unterschiedlichen Regionen lassen sich ganz wunderbare Kaffees komponieren.

WO DER KAFFEE WÄCHST

Kaffee wird mehr oder weniger rund um den Globus in den Tropen angebaut. Weltweit sind heute über 25 Millionen Menschen in der Kaffeeindustrie tätig, und man darf damit rechnen, dass es noch mehr werden, denn der Kaffeekonsum steigt. Gegenwärtig werden durchschnittlich 140 Millionen Sack Kaffee à 60 Kilogramm jährlich geerntet.

Die wichtigsten Kaffeeexporteure sind die süd- und mittelamerikanischen Länder, gefolgt von asiatischen und afrikanischen Produzentenländern. Mit Abstand bedeutendster Rohkaffeeexporteur ist seit Jahren Brasilien (ca. 26 Millionen Sack). Auf Rang zwei und drei folgen Vietnam und Kolumbien mit rund 23 Millionen bzw. 7 Millionen Sack Kaffee. Der Löwenanteil der internationalen Kaffeeproduktion, aktuell beinahe 98 Millionen Sack, ist für den Export bestimmt, der Rest wird entweder von der einheimischen Bevölkerung verbraucht oder im Ursprungsland gelagert.

LATEINAMERIKA

Aus dieser Weltregion stammende Kaffees zeichnen sich vor allem durch ihre Milde aus. Im Gegensatz zu afrikanischen Kaffees sind ihre

Aromen weniger ausgeprägt, und sie sind deutlich säureärmer – Eigenschaften, die sie bei vielen Verbrauchern beliebt machen. Kaffeespezialisten hingegen empfinden die sanfte Ausgewogenheit der Bohnen bisweilen als etwas langweilig, wobei sich vor allem einige Brasilianer sehr gut als Grundlage für anspruchsvolle Blends eignen und andere Sorten aufgrund ihrer Säurearmut gern für erlesene Espressokompositionen verwendet werden.

Brasilien

Nirgends auf der Erde wird mehr Kaffee angebaut als in diesem an Bevölkerung und Fläche größten südamerikanischen Land. Hier wächst an rund vier Millionen Kaffeebäumen beinahe die Hälfte des weltweit angebauten Kaffees, und das Land hat einen Anteil von 30 Prozent am globalen Kaffeeexport. Auf den brasilianischen Plantagen wachsen vor allem Arabica-Varianten, doch auch die Robusta-Produktion, die unter der Sammelbezeichnung Conillon vertrieben wird, ist von internationaler Bedeutung.

Die brasilianische Kaffeegeschichte reicht bis in das Jahr 1727 zurück, als die Pflanze aus Französisch-Guayana in die damals unter portugiesischer Herrschaft stehende Kolonie gelangte, wo man sie von Beginn an im großen Stil auf riesigen Sklavenplantagen anbaute. Einen ersten Boom erlebte die brasilianische Kaffeeproduktion in den 1820er- und 1830er-Jahren, und schon 1830 kamen 30 Prozent des weltweit angebauten Kaffees aus Brasilien. Um 1920 hatte das Land sogar einen internationalen Marktanteil von unglaublichen 80 Prozent.

Die brasilianische Kaffeeproduktion gilt als modernste der Welt, wobei eher Quantität als Qualität im Fokus steht. Die meisten Kaffeefarmer setzen bei den Erntetechniken auf das sogenannte „Strip Picking", bei dem die Kirschen Ast für Ast mit einem Handgriff abgestreift werden, oder auf große Erntemaschinen. Zwischen reifen und unreifen Kirschen, wie sie sich stets gleichzeitig an einem Ast befinden, wird dabei nicht unterschieden.

Von den insgesamt 26 brasilianischen Bundesstaaten erzeugen 17 Kaffee, wobei im südlich gelegenen Paraná 50 Prozent der Gesamtproduktion wachsen. Weitere 48 Prozent kommen aus den Staaten São Paulo, Minas Gerais und Espírito Santo. Guter brasilianischer Kaffee ist recht säurearm und hat vergleichsweise viel Körper. Man schätzt ihn vor allem wegen seiner Nuss- und Schokoladennoten. Dies gilt vor allem für die aus Santos-Bohnen gewonnenen Sorten aus São Paulo, während die Bourbon-Kaffees aus Minas Gerais sich durch ihre milde Würze auszeichnen.

Kaffeefarm in Manizales in Kolumbien

Kolumbien

Eine ganz andere Kaffeetradition als der große Nachbar Brasilien hat Kolumbien. Zwar hielt die Kaffeepflanze dort etwa um dieselbe Zeit Einzug in die landwirtschaftliche Produktion – nämlich vermutlich in den frühen 1720er-Jahren –, doch ihr Anbau erfolgt seit der ersten Stunde beinahe ausschließlich durch Kleinbauern.

Insgesamt wird der Kaffee aus den kolumbianischen Anden wegen seiner aromatischen Vielfalt und seiner fein nuancierten Säuren geschätzt. Als besonders hochwertig gilt die Arabica-Variante Medellín, die nach der Hauptstadt des Bundesstaates Antioquia benannt ist, oder der Maragogype mit Lakritz- und Haselnussnoten. Häufig trifft man auch auf die Variante Armenia aus dem kolumbianischen Westen oder den Manizales aus der Region Caldas. Im Südwesten beheimatet sind Kaffees mit Noten von Walnuss und Karamell.

Costa Rica

Kaffee hat in dem mittelamerikanischen Land, das als einer der sichersten und wirtschaftlich stabilsten Staaten in Lateinamerika gilt, bereits eine lange Exporttradition. Als das Land in den 1820er-Jahren aus der spanischen Kolonialherrschaft entlassen wurde, verteilte die neue Regierung Kaffeesamen, um den Anbau der kostbaren Kaffeefrucht zu fördern. Schon in den 1830er-Jahren kam der Kaffeeexport in Gang, und über die gesamte zweite Hälfte des 19. Jahrhunderts hinweg sollte Kaffee das einzige costa-ricanische Exportgut bleiben.

Kaffeeplantage in der Provinz Alajuela in Costa Rica

Kaffee aus Costa Rica gilt traditionell als hochwertig, und die Kaffeeernte wandert heute vielfach nicht mehr zu den großen Kaffeemühlen, sondern wird von den Bauern selbst verarbeitet: Damit verhindern sie, dass ihre teilweise herausragenden Kaffees in den Großposten der Mühlen untergehen.

Angebaut werden in Costa Rica übrigens ausschließlich Arabica-Varietäten, denn die Produktion von Robusta ist verboten. Im Süden der Hauptstadt San José im Kanton Tarrazú wächst ein Arabica gleichen Namens, der als einer der besten Kaffees der Welt gilt. Typisch für den Tarrazú sind seine Säure, die den Geschmack prägt, ohne ihn zu dominieren, und sein wunderbar weicher Abgang.

Guatemala

Auch in Guatemala, dem bevölkerungsreichsten Land in Mittelamerika, verteilte der Staat im 19. Jahrhundert Kaffeesamen, um die Kaffeeproduktion anzukurbeln. Nach der wechselvollen Geschichte des Landes im 20. Jahrhundert, die vor allem vom 1960 bis 1996 währenden Bürgerkrieg geprägt wurde, erreichte die Kaffeeproduktion gegen Ende des vergangenen Jahrhunderts einen Höhepunkt, doch im Zuge der Kaffeekrise 2001 gaben viele Kaffeebauern ihre Kulturen auf.

Die aktuelle Kaffeeproduktion zeichnet sich durch die Rückverfolgbarkeit der Chargen bis zu einzelnen Farmen und Genossenschaften aus, und nach Meinung von Fachleuten ist es den verschiedenen Anbauregionen durchaus gelungen, ihren Kaffees ein spezifisches Geschmacksprofil zu verleihen. So verfügen Kaffees aus Guatemala über eine bemerkenswerte geschmackliche Bandbreite, und sie kommen mal süß und fruchtig und mal köperreich und schokoladig daher.

Die Kaffeefarm „La Azotea" in Guatemala

Jutesäcke mit Kaffeebohnen aus El Salvador

El Salvador

Die Blütezeit des Kaffeeanbaus in El Salvador liegt bereits eine ganze Weile zurück – Ende der 1880er-Jahre war das zentralamerikanische Land viertgrößter Kaffeeproduzent weltweit und erzeugte doppelt so viel Kaffee wie heute. Dabei entwickelte sich der Kaffeeanbau bis in die 1980er-Jahre hinein sehr positiv und trug zur wirtschaftlichen Stabilität des Landes bei. Doch dann kam der Bürgerkrieg, der bis 1992 anhielt, El Salvador verlor seinen Ruf als zuverlässiger Handelspartner, und das Ausland kaufte seinen Kaffee anderswo.

Inzwischen ist der Bürgerkrieg Geschichte, und die salvadorianischen Kaffeeproduzenten versuchen sich neu auf dem Weltmarkt zu positionieren. Dabei erweist sich ein Aspekt des Bürgerkrieges als durchaus positiv: Da die Kaffeeerzeugung zu Kriegszeiten so gut wie brachlag, verfügt das Land noch über reichlich alte Sorten wie etwa den Bourbon, während diese in vielen anderen südamerikanischen Ländern ertragreicheren, aber qualitativ weniger anspruchsvollen Varietäten und Neuzüchtungen weichen mussten. Bourbon-Kaffee aus El Salvador gilt als angenehm süß und – dank seiner milden Säure – sehr ausgewogen. Die salvadorianische Kaffeeindustrie verfügt über ausgezeichnete Infrastrukturen, und man ist darauf bedacht, die Rückverfolgbarkeit der Chargen im gehobenen Segment zu garantieren.

Honduras

Die ersten schriftlichen Zeugnisse für Kaffee aus Honduras datieren zwar aus dem Jahr 1804, doch zum größten mittelamerikanischen Kaffeeproduzenten hat sich das Land erst seit Beginn des Jahrtausends aufgeschwungen. Hauptabsatzmärkte sind die USA und Deutsch-

Kaffeeplantagen im westlichen Hochland von Honduras

land. Aktuell allerdings sind die Erträge durch die zunehmende Verbreitung des Kaffeerosts in Gefahr – so sehr, dass nach denErnteschäden der Saison 2012/13 der nationale Notstand ausgerufen wurde.

Geschmacklich sind die aus Honduras stammenden Arabicas den im Nachbarland El Savaldor produzierten Kaffees sehr nah, und häufig lassen sich die hochwertigen honduranischen Kaffees bis zum Erzeuger zurückverfolgen. Als besondere Spezialität gilt zum Beispiel der Honduras Lenca, der mit einem langen Abgang und süßen, dezent würzigen Aromen überzeugt.

Mexiko

Das Zentrum des mexikanischen Kaffeeanbaus liegt im Süden des Landes – insbesondere die Region Chiapas ist bekannt für die Produktion einiger ganz hervorragender Sorten. Erzeugt werden sie heute hauptsächlich von Kleinbauern. Das war allerdings nicht immer so: Die ersten mexikanischen Kaffeeplantagen entstanden auf den Ländereien weniger europäischer Großgrundbesitzer. Erst nach Ende der Revolution 1920 gelangte der Kaffeeanbau in die Hände indigener Kleinbauern. Als der mexikanische Staat 1989 die Förderung der Kaffeeproduzenten einstellte, brach der Kaffeesektor ein.

Viele Bauern vernachlässigten ihre Plantagen und gaben die Produktion teilweise ganz auf, während andere sich in Kooperativen zusammenschlossen und auf umweltfreundliche Produktionsmethoden setzten. So findet man inzwischen einige interessante mexikanischen Bio- und Fairtrade-Kaffees im Einzelhandel.

Dieser Entwicklung ist es zu verdanken, dass aus Mexiko Kaffees von ganz unterschiedlichem Charakter kommen: Einige sind leicht und zart, andere überzeugen mit süßen Noten von Karamell und Schokolade. In der Region Chiapas entstehen aus den außergewöhnlich großen Bohnen der Sorte Maragogype Kaffees von besonderer Weichheit, die überwältigend duften. In den atlantischen Gefilden der Region gedeihen in den Plantagen der Kleinbauern vor allem die Sorten Tipica und Bourbon.

Karibische Inseln

Aus der **Dominikanischen Republik**, die sich mit Haiti die Insel Hispaniola teilt, kommen milde und vollmundige Kaffees mit einem feinen Säureanteil, doch gegenwärtig gelangen nur rund 20 Prozent der Kaffeeernte

auf den internationalen Markt, den Rest trinken die Dominikaner selbst.

Kaffees aus dem Nachbarstaat **Haiti** zeichnen sich in der Mehrzahl durch ihren organischen Anbau aus. Grund dafür ist die Armut der kleinen Kaffeebauern: Ihnen fehlt es schlicht an Geld für den Kauf von Dünge- und Pflanzenschutzmitteln. Ihre Erzeugnisse sind trotz oft recht ausgeprägter Säure ausgewogen und weich, ohne es an Ausdrucksstärke fehlen zu lassen.

Nur erfahrene Pflücker dürfen die begehrten Kaffeekirschen an den Steilhängen der Blue Mountains in Jamaika ernten.

Aus **Jamaika** kommt mit dem Jamaica Blue Mountain der angeblich beste Kaffee der Welt – so wollen es jedenfalls die Marketingstrategen. Er wächst in Höhenlagen zwischen 600 und 2000 Metern auf nährstoffreichen Böden in einem feuchten Mikroklima an den Hängen der berühmten Blue Mountains. Seine Reise in die Welt tritt er nicht in den üblichen Säcken, sondern in Fässern an, und das in so großen Mengen, dass Jamaika seinen inländischen Kaffeebedarf mit Zukäufen aus dem Ausland decken muss. Kostengünstige, aber ebenfalls sehr hochwertige jamaikanische Alternativen zum Jamaica Blue Mountain sind der High Mountain Supreme und der Prima Jamaica Washed.

Auch auf **Kuba** wird Kaffee angebaut, der auf dem internationalen Markt jedoch kaum von Bedeutung ist. Nur das Beste, was die mit äußerst primitiven Methoden arbeitenden Erzeuger produzieren, geht ins Ausland. Als besonders gute Sorte gilt der von rauchigen Noten geprägte Turquino.

Kaffeeplantage an der Nordwestküste von Maui, der zweitgrößten Insel Hawaiis

HAWAII

Auch die zu den USA gehörende Insel Hawaii rühmt sich, einen der besten Kaffees der Welt hervorzubringen: den Hawaii Kona, der an den Hängen der Westküste auf vulkanischem Boden gedeiht. Er ist voll im Körper und begeistert mit lieblichen, fruchtigen Aromen. Ihn zu probieren ist allerdings nicht ganz einfach, da die Anbaufläche sehr klein ist. Und nicht überall, wo Hawaii Kona draufsteht, ist auch Hawaii Kona drin: Bisweilen enthalten so benannte Kaffees kaum mehr als fünf Prozent des echten Produkts.

ASIEN UND NEUGUINEA

Bei den Kaffees aus dem größten Erdteil handelt es sich größtenteils um Massenware. Dennoch lohnt es sich, genauer hinzusehen. Wer ein wenig sucht, kann dort echte Schätze und Raritäten finden.

Indien

Der professionelle Kaffeeanbau in Indien begann erst unter der britischen Kolonialherrschaft. Heute wächst in Indien in der Hauptsache der bei Espressoröstern beliebte Robusta, dem die klimatischen Gegebenheiten in vielen Regionen entgegenkommen.

Eine ganz besondere indische Spezialität ist der Monsun-Kaffee. Entstanden ist er durch Zufall: Früher wurde der indische Rohkaffee in Holzkisten nach Europa verschifft und war während der langen Überfahrt den heftigen Niederschlägen der Monsunzeit ausgesetzt, was sich auf sein Aussehen und auch seinen Geschmack auswirkte. In Europa schätzte man gerade den durch diese eigentlich „fehlerhaften" Eigenschaften bedingten Geschmack, auf den man auch später, als die Transportbedingungen sich längst verbessert hatten, nicht verzichten wollte. Darauf reagierte man mit der Entwicklung eines speziellen Aufbereitungsverfahrens. Die Monsun-Kaffeeproduktion erfolgt zwischen Juni und September, wenn die Süd-West-Monsunwinde am stärksten sind: In speziellen, nach oben geöffneten Lagerhäusern wird der Kaffee der Witterung ausgesetzt, damit er seinen charakteristischen Geschmack und Geruch entwickelt.

Indonesien

Der Inselstaat exportiert bereits seit dem 18. Jahrhundert Kaffee, der seinerzeit in Amsterdam, der Hauptstadt der niederländischen Kolonial-

Kaffeeplantage in einem Wald nahe der Stadt Madikeri in Südindien

herren, schwindelerregende Preise erzielte: Für ein Kilo musste man ein durchschnittliches Jahreseinkommen auf den Tresen legen.

Seit einer Kaffeerost-Epidemie 1876 wird fast ausschließlich Robusta angebaut, der mittels eines „Giling Basah" genannten Verfahrens in einer halbtrockenen Methode aufbereitet wird. Dadurch erhält der Kaffee sehr eigenwillige Geschmacksnoten von krautig bis erdig oder gar muffig, die bei Kaffees aus anderen Weltregionen als Fehler gewertet würden, aber beim indonesischen Kaffee kurioserweise geschätzt werden.

Noch eigenwilliger ist der Kopi Luwak von der Insel Java. Dabei handelt es sich eigentlich um einen ganz einfachen Arabica, dessen sehr reife Kaffeekirschen den heimischen Schleichkatzen, den „Musang luwaks", besonders gut schmecken. Nach dem Genuss scheiden sie die Samen wieder aus, die dann einen ähnlichen Prozess wie bei der Nassaufbereitung durchlaufen haben: Das Fruchtfleisch wurde entfernt, und die Bohnen sind leicht gegoren. Angeblich verleiht das dem Kopi Luwak seinen besonders fülligen Geschmack und seine als beinahe sirupartig beschriebenen Aromen.

Namensgeber des Kopi Luwak ist der in Indonesien „Musang luwak" genannte Fleckenmusang.

In Papua-Neuguinea leben viele Kleinbauern von der Kaffeeernte.

Es ist jedoch nicht einfach, in seinen Genuss zu kommen, denn es gelangen alljährlich nur sehr geringe Mengen auf den Weltmarkt, und das zu Preisen, die man im Normalfall für Kaffee nicht zu zahlen bereit ist.

Papua-Neuguinea

In dem zum australischen Kontinent gerechneten Inselstaat wächst vor allem Hochlandkaffee – beinahe ausschließlich Arabica-Varietäten –, der zu 75 Prozenz von Kleinbauern angebaut wird. Kaffee spielt in der Wirtschaft des Landes eine sehr wichtige Rolle – fast alle Bewohner vor allem des Hochlandes sind auf die ein oder andere Weise in den Produktionsprozess involviert. Da chemische Dünge- und Spritzmittel sehr teuer sind, ist der Anbau zu weiten Teilen biologisch. Allerdings ist das allein noch kein Garant für Qualität, denn aus demselben Grund fehlt es an leistungsfähigen Aufbereitungsanlagen.

Weil aber die klimatischen Bedingungen in Papua-Neuguinea ideal für den Kaffeeanbau sind, ist das Land inzwischen in den Fokus des Spezialitätensektors gelangt, und empfehlenswert sind besonders Kaffees, deren Rückverfolgbarkeit gewährleistet ist. Hochwertige Kaffees von der Insel überzeugen durch ihre Vielschichtigkeit und Süße in Kombination mit ihrem buttrigen Charakter.

Kaffeepflückerinnen auf einer Plantage nahe Da Lat im zentralen Hochland Vietnams

Vietnam

Dass in Vietnam heute Kaffee wächst, ist den Franzosen zu verdanken, die die Pflanze 1857 ins Land brachten. Zu Beginn des 20. Jahrhunderts wurde Kaffee dann zu einem wichtigen Wirtschaftsgut, bis der Vietnamkrieg den Kaffeehandel beinahe zum Erliegen brachte. Doch seit den 1980er-Jahren befindet sich die Kaffeeindustrie wider im Aufschwung. Angebaut wird fast ausschließlich Robusta, und das in Mengen, die Vietnam zum zweitgrößten Kaffeeerzeuger machen. Im Fokus steht eindeutig Quantität, da Arabicas in den geringen Höhenlagen des Landes nur schlecht gedeihen.

In Vietnam wird gemahlener Kaffee traditionell mit dem charakteristischen Phin-Filter zubereitet, der auf einer Tasse mit reichlich gezuckerter Kondensmilch aufsitzt.

AFRIKA

Für alle, die insbesondere die geschmackliche Vielfalt des Kaffees lieben, ist Afrika sicherlich der interessanteste und schillerndste Kaffeeproduzent. Hier werden Kaffees mit ganz unterschiedlichen Eigenschaften und nach spezifischen Methoden angebaut – entsprechend groß ist die Vielfalt der Kaffees aus dem Heimatkontinent der Pflanze.

Äthiopien

Die Kaffees aus dem Land, in dem mutmaßlich die erste Kaffeepflanze wuchs, genießen unter Kaffee-Aficionados einen beinahe mythischen Ruf. Sie wachsen auf den vulkanischen Böden im gemäßigten Klima des äthiopischen Hochlandes und zählen aufgrund des geringen Einsatzes von chemischen Düngern und Spritzmitteln zu den reinsten Kaffees der Welt.

Im großen Stil wird Kaffee in Äthiopien erst seit den 1950er-Jahren produziert. Mit dem Sturz des Kaisers Haile Selassi 1974 änderte sich die wirtschaftliche Situation des Landes dann unter der sozialistischen Militärregierung maßgeblich: Privatbesitz wurde verboten, der systemati-

Vor einer Strohhütte in Äthiopien trocknen Kaffeekirschen auf einem Trockenbett.

Traditionelle Kaffeeszene in Äthiopiens Hauptstadt Addis Abeba

sche Kaffeeanbau weitgehend aufgegeben, und man kehrte wieder zur Ernte wildwachsenden Kaffees zurück. Nach dem Ende der Militärjunta 1991 gewann Äthiopien schließlich wieder Zugang zu internationalen Märkten, und die Kaffeeerzeuger schlossen sich zu Genossenschaften zusammen, um den Herausforderungen des internationalen Kaffeehandels möglichst effizient begegnen zu können. Seit 2008 läuft der äthiopische Kaffeehandel über die Rohstoffbörse ECX, in deren Lagerhäusern der Kaffee zusammengeführt und bewertet wird. Damit erhalten die Kaffeebauern ihr Geld schnell, und der Kunde kauft zertifizierte Qualität, doch zum Erzeuger zurückverfolgen lässt sich der Kaffee nur schwerlich – und gerade Herkunftskaffees sind gegenwärtig sehr gefragt. Inzwischen aber gibt es allerlei Möglichkeiten, das System zu umgehen, und mit ein wenig Aufwand lässt sich auch äthiopischer Kaffee von bestimmten Erzeugern auftreiben.

In Äthiopien unterscheidet man drei bzw. vier Anbaumethoden. Hinter der Bezeichnung „Forest Coffee" verbirgt sich wild wachsender Waldkaffee unterschiedlichster Sorten, der von Hand geerntet wird, ohne dass der umstehende Primärwald davon berührt würde. „Semi-Forest Coffee" wird ebenfalls manuell geerntet, doch es erfolgt eine Lichtung des Naturwaldes. Die Erträge sind in beiden Fällen vergleichsweise gering.

Gartenkaffee wächst in Mischkultur mit anderen Nutzpflanzen meist in der Nähe von menschlichen Siedlungen. Die Pflanzen werden gepflegt und häufig auch gedüngt, umstehende Pflanzen zurückgeschnitten, damit die Kaffeebäume ausreichend Licht bekommen. Der Löwenanteil der äthiopischen Kaffeeproduktion stammt von Gartenkaffeebäumen.

Plantagenkaffee wird von großen Kaffeefarmen produziert, und die Anbaumethoden unterscheiden sich nicht wesentlich von denen anderer Länder. Dabei herrschen jedoch strenge Qualitätsanforderungen.

Aufgrund der Vielzahl von Anbaumethoden und -bedingungen weisen äthiopische Kaffees, bei denen es sich fast ausschließlich um Arabicas handelt, eine große geschmackliche Vielfalt auf. Die einen begeistern mit Zitrusnoten und blumigen Aromen, andere erinnern an kandierte und tropische Früchte. Die nass aufbereiteten Qualitäten bestechen durch ihre vielschichtige Eleganz, während trocken aufbereitete Kaffees wildfruchtig und extravagant daherkommen.

Kenia

Kurioserweise gelangte der Kaffee vermutlich nicht aus seiner Heimat Äthiopien in das benachbarte Kenia, sondern nahm einen Umweg über La Réunion. Von dort nämlich brachten französische Missionare Ende des 19. Jahrhunderts Kaffeepflanzen in die britische Kolonie. So lag die Kaffeeproduktion in den ersten Jahrzehnten auch noch fest in britischer Hand, und die keniani-

Kaffeeplantage in Kenia

sche Kaffeeernte wurde am Londoner Markt gehandelt. Das änderte sich Mitte des 20. Jahrhunderts, als ein Gesetz die Kombination der traditionellen kenianischen Subsistenzwirtschaft mit gewerblichem Landbau etablierte. Es entstanden zahlreiche Familienbetriebe, und der Kaffeeanbau florierte wie nie zuvor, was sich auch nach der Unabhängigkeit 1963 fortsetzte.

Kaffees aus Kenia, bei denen es sich weitgehend um Arabicas handelt, gelten traditionell als sehr hochwertig: zum einen, weil die Ernte per Hand und sehr selektiv erfolgt – gepflückt werden ausschließlich die reifen Kaffeekirschen –, zum anderen, weil eine Klassifizierung des Ernteguts nach einem Grading-System erfolgt, dessen Grundlagen Größe und Qualität der Bohnen sind.

Eine Tansanierin röstet rohe Kaffeebohnen.

Dank der übersichtlichen Infrastrukturen der kenianischen Kaffeeindustrie lassen sich kenianische Kaffees mehrheitlich bis zum Erzeuger zurückverfolgen, und in jüngerer Zeit sind insbesondere die Ernten bäuerlicher Kleinbetriebe in den Fokus der Kaffeespezialisten gerückt. Insgesamt zeichnen sich die Kaffees aus Kenia durch ihren vollen Körper und ihre nuancenreiche geschmackliche Vielfalt in Kombination mit einer von Zitrusnoten dominierten, angenehmen Säure aus.

Tansania

Die Arabicas aus dem noch jungen Land am Äquator sind denen des nördlichen Nachbarn Kenia recht ähnlich, haben jedoch weniger Säure. Als Exportware entdeckten 1911 die damals noch deutschen Kolonialherren den Kaffee. Nach dem Ersten Weltkrieg intensivierten die Briten als neue Kolonialmacht den Kaffeeanbau, und nach der Unabhängigkeit 1961 sollte der Kaffee als Wirtschaftsmotor dienen – was allerdings nicht wie gewünscht gelang. Eine Reform der Kaffeeindustrie in den frühen 1990er-Jahren brachte den Handel dann in Schwung, und gegenwärtig rangiert Tansania unter den Top 20 der kaffeeexportierenden Nationen.

Über 80 Prozent des tansanischen Kaffees wird von Kleinbauern produziert, und er lässt sich weitgehend bis zu den Erzeugergenossenschaften zurückverfolgen. In der Hauptsache wird Arabica angebaut, doch der Robusta hat mit 30 Prozent einen nicht unbeträchtlichen Anteil an der Gesamtproduktion. Als eine der besten Kaffeesorten des Landes gilt der stark duftende, komplexe

Chagga AA, den man mit seiner Fülle und der eher dezenten Säure durchaus als repräsentativ für den tansanischen Kaffeestil bezeichnen kann.

Ruanda

Dieses noch immer durch die Bürgerkriegsfolgen gezeichnete Land zählt zwar nicht zu den großen internationalen Kaffeeproduzenten, ist aber dennoch erwähnenswert, weil der dort erzeugte Kaffee zum einen von überzeugender Qualität ist und durch seine Weiche und Milde überzeugt und zum anderen nicht unwesentlich zur wirtschaftlichen Genesung des Landes beiträgt. Man setzt vor allem auf anspruchsvolle Spezialitätenkaffees und Rückverfolgbarkeit zumindest bis zu einer der vielen Bauerngenossenschaften.

Eine besondere ruandische Spezialität ist der „Gorilla Mountain Rwanda“, der auf 1400 bis 1900 Metern Höhe an den Ufern des Kiwusees gedeiht und durch sein vulkanisches Terroir geprägt wird.

Kaffeeplantage in der Nähe von Butare im Süden Ruandas

VOM BAUM IN DIE TASSE

Wenn der Kaffee aus seiner tropischen Erzeugerregion auf den Weltmarkt gelangt, hat er schon diverse Produktionsschritte hinter sich. Nach der ersten Aufbereitung wird der Rohkaffee ins Zielland verschifft. Erst dort erfolgt die Röstung.

DIE PFLANZE

Wild wächst Kaffee an bis zu zwölf Meter hohen Bäumen, was jedoch nur noch in Äthiopien vorkommt. Kultiviert wird er an deutlich kleineren Plantagenbäumen, die so weit zurückgeschnitten werden, dass man die Kaffeekirschen oder Kaffeebeeren genannten Steinfrüchte problemlos ernten kann, häufig auch im Schatten anderer Kulturpflanzen wie etwa Bananen. Ihre nach Jasmin duftenden Blüten treibt die selbstbestäubende Kaffeepflanze einmal im Jahr aus. Bis zur Ernte dauert es dann noch neun Monate. Dabei reifen die Kaffeekirschen nicht gleichmäßig, und es kann vorkommen, dass ein Kaffeebaum gleichzeitig blüht und Früchte trägt.

Reife Kirschen erkennt man an ihrer tiefroten Farbe.

Es dauert übrigens ganze drei Jahre, bis ein junger Kaffeebaum erstmals abgeerntet werden kann. Damit er Früchte trägt, benötigt er Temperaturen zwischen 15 und 25 °C, wird es kälter als 10 °C, bedeutet das meist das Ende der Pflanze.

ERNTE

Bei der Ernte unterscheidet man zwischen drei Verfahren. Beim **Picking** wird Bohne für Bohne ausgewählt und gepflückt. So ist garantiert, dass nur unversehrte und reife Kaffeekirschen ins Erntegut gelangen – eine für die Produktion anspruchsvoller Kaffees notwendige Voraussetzung: Unreife Früchte verleihen dem Kaffee ein unangenehm pelziges Gefühl, während das faulige Aroma überreifer Bohnen in der Tasse noch zu schmecken ist. Erfolgt die Ernte per **Stripping**, wartet der Kaffeebauer so lange, bis das Gros der Kirschen gereift ist. Dann werden sie mit einem Kamm vom Ast gestreift und im Anschluss von Hand verlesen. Bei der **maschinellen Ernte** werden die Kirschen von rotierenden Bürsten von den Ästen gerupft, eine Nachlese erfolgt nicht. Das Ergebnis ist preisgünstiger, aber eher minderwertiger Kaffee.

AUFBEREITUNG

Nach der Ernte müssen die Kaffeekirschen rasch weiterverarbeitet werden, damit sie nicht zu faulen beginnen. Eine Kaffeekirsche enthält normalerweise zwei Bohnen, die mit der flachen Seite zueinander liegen und von einer Pergamenthaut und darunter von einem feinen Silberhäutchen umhüllt sind. Es gibt im Wesentlichen drei Verfahren, um diese Samen aus dem Fruchtfleisch zu lösen:

Auf einem Hof in Vietnam trocknen Kaffeefrüchte in der Sonne.

Die **nasse Aufbereitung** ist das aufwendigste und gleichzeitig hochwertigste Verfahren: Dabei werden Schale und Fruchtfleisch von einem sogenannten Entpulper von den Samen gelöst, die dann in einen Wassertank wandern, wo das restliche Fruchtfleisch mittels Gärung von den Bohnen gelöst wird. Dann werden sie gewaschen und zum Trocknen ausgebreitet. Vor dem Versand lagern die trockenen Bohnen dann noch einige Wochen, was ihre Haltbarkeit verbessert, und in einem letzten Arbeitsschritt werden noch verbliebenes Fruchtfleisch sowie Pergament- und Silberhäutchen maschinell entfernt.

Einfacher ist die **trockene Aufbereitung**, bei der die reifen Kirschen in der Sonne trocknen. Wenn die Bohnen beim Schütteln in der fest gewordenen Schale klappern, ist der Trockenvorgang abgeschlossen. Dann wird die Hülle mechanisch entfernt, und es geht weiter wie bei der Nassaufbereitung.

Eine Kombination der beiden Methoden ist die **Pulped-natural-Aufbereitung**: Das Fruchtfleisch wird von den Bohnen gelöst wie bei der Nassaufbereitung, die Gärung und das Waschen entfallen jedoch, und die Samen werden sofort zum Trocknen in der Sonne ausgelegt. Das an den Samen verbliebene Fruchtfleisch macht die so aufbereiteten Kaffees besonders süß und körperreich. Die folgenden Arbeitsschritte entsprechen denen bei der Nass- und Trockenaufbereitung.

RÖSTUNG

Bei seiner Ankunft in der Rösterei im Zielland ist der Rohkaffee noch weitgehend geschmacksneutral. Seine Aromen entfaltet er erst, wenn Hitze ins Spiel kommt. Die verdankt er der sogenannten Maillard-Reaktion, bei der die in den Bohnen enthaltenen Zucker- und Eiweißstoffe miteinander reagieren und mehr als 800 Aromaverbindungen entstehen. Das unten beschriebene schonende Röstverfahren bei Temperaturen von etwa 200 °C dauert im Allgemeinen 14 bis 20 Minuten und hat nichts mit der industriellen Schockröstung zu tun, bei der die Bohnen in 2 bis 5 Minuten bei 600 bis 800 °C leicht regelrecht verbrannt werden.

Die Röstphasen

In der ersten Röstphase werden die Bohnen erhitzt. Sie nehmen Wärme auf und geben Wasser in Form von Dampf ab. Erst wenn sie restlos getrocknet sind, beginnt der Bräunungsvorgang. Die Bohnen werden zunächst gelb und schwellen langsam an. In ihrem Inneren entwickeln sich Gase, die die Bohnen schließlich

mit einem leichten Knacken zum Platzen bringen. Diese Phase bezeichnet der Fachmann als **ersten Crack**, mit dem die Bohnen ihre Größe beinahe verdoppeln und beginnen, den typischen Kaffeeduft zu verströmen. Nach dem Crack beobachtet der Röstmeister den Kaffee ganz genau, um den Röstvorgang im gewünschten Röststadium abzubrechen. Entscheidet er sich für eine helle Röstung (auch Zimtröstung genannt), die besonders in Skandinavien beliebt ist, betont er die Breite des

Frisch geröstete Kaffeebohnen im Kühlsieb einer Trommelröstmaschine

Aromaspektrums, mit einer dunkleren Röstung, wie man sie vor allem in Mitteleuropa und Südamerika zu schätzen weiß, rückt er einzelne Aromen in den Vordergrund. Sehr dunkle Röstungen zeichnen sich durch ihren höheren Gehalt an Bitterstoffen und ihre eher geringe Säure aus. Dieses Verhältnis ist besonders für Espressospezialitäten gewünscht und macht diese auch für empfindliche Mägen bekömmlich.

Wird der Röstvorgang noch weiter fortgesetzt, kommt es zu einem weniger heftigen **zweiten Crack**, mit dem Öle aus der Bohne auszutreten beginnen, und man erhält sehr dunkle Röstgrade, zu denen zum Beispiel der sogenannte „French Roast" und der „Italian Roast" zählen. Diese haben zwar durchaus Freunde, stehen jedoch unter Fachleuten in dem Ruf, nichts mehr von den Eigenheiten und aromatischen Qualitäten des Rohkaffees schmecken zu lassen.

Nach der Röstung müssen die Bohnen rasch gekühlt werden und einige Tage ruhen, damit sie nicht „nachgaren" und sich das noch in den Bohnen befindliche Kohlendioxid verflüchtigen kann.

MAHLEN

Während man das Rösten am besten Fachleuten überlassen sollte, ist es sehr zu empfehlen, seinen Kaffee selbst zu mahlen: So kann man nach Bedarf mahlen und kommt immer in den Genuss von absolut frischem Kaffeemehl. Wie grob oder fein man mahlt, hängt von der Zubereitungsart ab. Nur bei passendem Mahlgrad kann der Kaffee sein ganzes Aroma entfalten. Ist er zu fein, schmeckt der Kaffee leicht streng oder gar bitter, ist er zu grob, landet eine dünne, wenig ansprechende Brühe in der Tasse.

Mühlen

Bei der Auswahl der Kaffeemühle sollte man vor allem darauf achten, dass der Kaffee schonend gemahlen wird. Idealerweise wird das Mahlgut kaum heiß, und am Ende sollte das Kaffeemehl einen einheitlichen Mahlgrad haben.

So kann zum Beispiel eine altmodische **Handmühle**, gern auch vom Flohmarkt, durchaus gute Dienste leisten: Da man langsam kurbelt,

Kaffee richtig aufbewahren

Ob ungemahlen oder gemahlen – Kaffee sollte stets kühl und trocken sowie licht- und luftdicht aufbewahrt werden, und das unter 20 °C. Omas Kaffeedose mag zwar hübsch aussehen, ist der geschmacklichen Qualität des Kaffees aber nicht zuträglich: Angebrochene Packungen bewahrt man am besten samt Verpackung in einer gut schließenden Dose auf.

Nicht unumstritten ist die Aufbewahrung von Kaffee im Kühlschrank. Wer es trotzdem probieren will, sollte den Kaffee so verpacken, dass er gegen äußere Einflüsse, insbesondere Fremdgerüche, gut geschützt ist – sonst ist am Ende alles Käse. Wer seine Kaffeebohnen im Gefrierfach

aufbewahrt, sollte das ebenfalls in einem gut schließenden Behältnis tun, die Bohnen immer portionsweise entnehmen und vor dem Mahlen vollständig auftauen lassen.

werden die Bohnen kaum erwärmt, und man kann mit einem homogenen Mahlergebnis rechnen. Leider lässt sich bei den wenigsten Handmühlen ein Mahlgrad einstellen. Was in der kleinen Schublade der Geräte landet, eignet sich im Normalfall lediglich zum Aufgießen von Filterkaffee.

Günstig sind auch die sogenannten **Propellermühlen**, in denen ein metallenes Messer mit hoher Geschwindigkeit kreiselt und die Bohnen kurz und klein hackt, allerdings alles andere als gleichmäßig. Und heiß werden sie auch noch. Am besten investiert man sein Geld in eine **Scheiben- oder Kegelmühle**, in der die Bohnen zwischen zwei Scheiben oder zwischen Kegel und Mühlenwand zerdrückt werden. Dabei lässt sich zur Veränderung des Mahlgrades der Abstand zwischen diesen Flächen justieren. Insbesondere für Freunde eines ordentlichen Espressos ist diese Technologie beinahe unverzichtbar, und wer ausschließlich Espresso trinkt, sollte über den Kauf einer speziellen Espressomühle nachdenken, deren starker Motor feinstes, homogenes Mahlgut garantiert.

ZUBEREITUNG

Im Wesentlichen unterscheidet man zwischen vier Arten der Kaffeezubereitung. Für welche man sich entscheidet, ist von vielen Faktoren abhängig und nicht selten kulturell bedingt. Während der eine gern morgens einen kunstvoll zubereiteten Cappuccino vom Barista seiner Wahl genießt, hält sich der andere vielleicht gern an einer großen Tasse Filterkaffee fest. Nach einem üppigen Essen reicht der Platz häufig nur noch für einen starken Espresso, während ein großer Becher Milchkaffee – ob auf Espressobasis oder zum Beispiel mit Kaffee aus der French Press – auch mal eine Mahlzeit ersetzen kann.

Die French Press wurde vermutlich um 1850 in Frankreich erfunden.

Kannenaufguss

Diese jahrhundertealte Zubereitungsart, bei der man das heiße Wasser direkt auf das Kaffeemehl gießt und auch dort belässt, hat unter Puristen durchaus ihre Anhänger. Dabei sind ihre Nachteile nicht zu vernachlässigen: Es gelangt immer etwas Kaffeesatz in die Tasse, und der Kaffee wird bitter, wenn er länger steht. Bei Kaffeeverkostungen ist der direkte Aufguss jedoch die Methode der Wahl, denn sie offenbart eindeutig die Qualitäten und Schwächen des getesteten Kaffees. Wer direkt aufbrüht, sollte einen Kaffee mittleren Mahlgrads verwenden.

French Press

In der French Press werden Kaffee und Wasser wie beim Kannenaufguss gemischt, um eine gleichmäßige Extraktion der Aromen zu erreichen, dann wird der Kaffeesatz mit einem Sieb nach unten gedrückt. Profis empfehlen für die Zubereitung von einem Liter Kaffee die Verwendung von 60 bis 70 Gramm grob oder mittelfein gemahlenem Kaffeemehl. Dieses wird in die Kanne gegeben und mit heißem, nicht kochendem Wasser aufgegossen. Danach wird die Mischung umgerührt, und nach vierminütiger Wartezeit rührt man behutsam die Oberfläche auf und schöpft Schaum und oben schwimmenden Kaffee mit einem Löffel ab. Dann wird das Sieb vorsichtig heruntergedrückt, und wer dann noch zwei Minuten wartet, darf sich über einen ausgewogenen Kaffee freuen. Nach einem ganz ähnlichen Prinzip funktioniert auch die von Kennern geschätzte Aeropress, bei der dank des papiernen Filters kein Kaffeemehl in die Tasse gelangt.

Filterkaffee

Der gute alte Filterkaffee ist dem Erfindungsreichtum der Dresdner Hausfrau Melitta Bentz zu verdanken, die im Jahr 1908 eine Konservendose zum Kaffeefilter umfunktionierte, indem sie einige Löcher in den Boden bohrte und darauf ein passend zurechtgeschnittenes Stück Löschpapier legte.

Traditionell handgefiltert

Wer einen klassischen Filterkaffee kochen möchte, setzt den Filter auf eine Kanne, legt eine Filtertüte ein, feuchtet diese an und gibt für einen Liter Kaffee 60 Gramm mittelfeinen Kaffee hinein. Diesen durchfeuchtet man zunächst mit heißem Wasser und wartet 30 Sekunden. Danach gießt man das restliche Wasser portionsweise oder in einem langsamen Guss über das Kaffeemehl. Anschließend ist der Kaffee sofort trinkbereit.

Modern als Pour Over

Inzwischen hat auch die internationale Hipster-Gemeinde den Filterkaffee für sich entdeckt. Wirbt ein Café mit seinem „Pour Over“, erwartet den Genießer statt eines unter Volldampf hergestellten Espressos

ein liebevoll von Hand gefilterter Kaffee. Häufig bedient der Barista sich zum Aufgießen eines Wasserkessels mit langem, gebogenem Schnabel, mit dem er das Kaffeemehl langsam und stetig mit heißem Wasser übergießt. Auch in den ebenfalls beliebten formschönen Chemex-Kannen entsteht im Prinzip nichts anderes als Filterkaffee.

Aus der elektrischen Kaffeemaschine

Häufig geschmäht wird mittels Kaffeemaschine aufgebrühter Kaffee. Doch wenn die Maschine das Wasser ausreichend aufheizt und man einen hochwertigen Kaffee verwendet, kann auch ein solches Gerät ausgezeichneten Kaffee aufbrühen. Wie beim Handfiltern gibt man circa 60 Gramm mittelfeines Kaffeemehl auf einen Liter Wasser. Empfehlenswert sind übrigens Geräte mit Thermoskanne, denn auf der Warmhalteplatte wird der frisch gebrühte Kaffee rasch zu einem teerähnlichen Gebräu.

Espresso

Bis in die 1990er-Jahre trank man in Deutschland vor allem Filterkaffee. Seitdem jedoch hat sich einiges getan, und die italienische Kaffeekultur hat die Herzen der Teutonen erobert.

Espresso aus der Kanne

Wer sich zu Hause einen Espresso zubereiten will, ohne ein Vermögen für eine Espressomaschine auszugeben, greift auf die traditionelle Espressokanne zurück, mit der sich ganz Italien bis heute seinen Morgenkaffee kocht: Den unteren Teil der Kanne bis zum Ventil mit Wasser füllen, Siebkorb einlegen und fein gemahlenes Espressopulver hineingeben. Pulver glattstreichen, oberen Teil der Kanne aufschrauben und diese bei mittlerer Hitze auf den Herd stellen. Sobald das Wasser kocht, zischt der Wasserdampf mit hohem Druck durch das Kaffeemehl in den oberen Teil der Kanne, und das Ganze endet in einem regelmäßigen Blubbern. Anders als ein Espresso aus der Siebträgermaschine hat „Kannenespresso" allerdings keine Crema.

Espresso aus der Siebträgermaschine

Markantestes Merkmal eines gelungenen, per Siebträgermaschine gebrühten Espressos ist seine im Idealfall haselnussbraune, marmorierte Crema. An ihrer Farbe lassen sich eventuelle Fehler bei der Zubereitung ablesen. Ist sie zu dunkel, ist der Kaffee überextrahiert, das heißt, es wurden zu viele Stoffe aus dem Espressomehl gelöst. Das kann an einer zu hohen Brühtemperatur oder einem zu feinen Mahlgrad liegen. Eine sehr helle Crema weist umgekehrt auf eine zu geringe Brühtemperatur oder zu grob gemahlenes Espressomehl hin.

Um einen perfekten Espresso zu produzieren, muss man seine Espressomaschine sehr gut kennen. Es gibt jedoch einige Grundregeln, die auf dem Weg zum mythischen „God Shot“ hilfreich sein können. Wer eine entsprechende Maschine hat, stellt die Wassertemperatur auf 88 bis 92 °C ein, den Druck auf 9 bis 10 Bar, bei einer Maschine mit Festwasseranschluss auf 9 Bar. Alle anderen müssen darauf vertrauen, dass ihre Maschine in etwa diese Werte erreicht. Fest in Ihrer Hand liegt jedoch die Extraktionszeit für den Espresso, die bei einer Haushaltsmaschine bei 20 bis 25 Sekunden liegen sollte und durch Mahlgrad und Menge des Espressopulvers (6 bis 8 Gramm für einen Espresso) bestimmt wird. Außerdem entscheidend ist, wie fest es in den Siebträger gepresst wird. Je feiner das Pulver, desto länger die Extraktionszeit. Da der ideale Mahlgrad für das Espressopulver von Sorte zu Sorte variiert, müssen Sie für eine perfekte Extraktion immer wieder ein wenig experimentieren.

Standardqualität ohne große Abweichungen nach oben und unten produzieren Kaffeevollautomaten. Diese Geräte lassen kaum Raum für Experimente, da der Nutzer nur wenige Einstellungen regulieren kann, und eignen sich vor allem dann, wenn sie von vielen verschiedenen Personen genutzt werden, etwa im Büro.

Wasser zubereitet und direkt auf Eiswürfel gegeben, wobei das Verhältnis von Brühwasser und Eiswürfeln etwa eins zu eins sein sollte. Der Kaffee kann dabei wahlweise per Handfilter, Espressomaschine oder Kaffeevollautomat zubereitet werden.

Unter Cold Brew versteht man einen kalt gebrühten Kaffee, für den grob gemahlener Kaffee direkt mit kaltem Wasser vermischt wird, dann 8 bis 24 Stunden bei Zimmertemperatur ruht und abschließend gefiltert wird. Für einen Liter Wasser benötigt man etwa 200 Gramm Kaffeemehl. Das Konzentrat, das auf diesem Wege entsteht, enthält im Gegensatz zu konventionellem Kaffee weniger Säure und Bitterstoffe und hält sich im Kühlschrank bis zu zwei Wochen. Man kann es unverdünnt auf Eis genießen, im Verhältnis eins zu zwei mit kaltem Wasser verdünnen und auch als Eiskaffee-Basis verwenden.

Kaffeetrends für den Sommer

Besonders beliebt sind bei heißem Wetter die nach ihren Zubereitungsarten benannten Spezialitäten **Cold** und **Iced Brew**. Für Letzteren wird der Kaffee konventionell mit heißem

WEGWEISER DURCH DEN KAFFEEDSCHUNGEL

Lang vorüber sind die Zeiten, da man bei der Bestellung eines Kaffees lediglich die Wahl zwischen Tasse und Kännchen hatte. Auf den Preislisten der modernen Coffeeshops finden sich beinahe unübersichtlich viele Spezialitäten für nahezu jeden Geschmack. Im Folgenden seien die wichtigsten genannt:

Caffè espresso: Aus Mailand stammender Klassiker, klein und stark, der in Italien einfach nur *Caffè* genannt wird. Basis sind besonders dunkel geröstete Kaffeebohnen und ein kurzer Brühvorgang unter hohem Druck. In Österreich heißt er *Kleiner Schwarzer*, in Frankreich *Café court*. Letzterem eng verwandt ist der einfache *Café*, der mit etwas weniger Kaffeemehl gebrüht wird.

Caffè lungo: Mit doppelter Wassermenge zubereiteter Espresso. Nicht zu verwechseln mit einem *Americano* (siehe unten). In Frankreich bestellt man den Lungo als *Café allongé*.

Caffè americano: Espresso, der nach der Zubereitung mit derselben oder der doppelten Menge heißen Wassers gestreckt wird. In Österreich als *Verlängerter* bekannt.

Caffè ristretto: Noch kleiner und stärker als ein Espresso. Die Kaffeedosis entspricht der für einen Espresso, jedoch wird weniger Brühwasser verwendet.

Caffè doppio: Doppelter Espresso.

Caffè macchiato: Espresso mit Milchschaumhäubchen. In Spanien bekannt als *Cortado*, dort serviert als (etwas längerer) Espresso mit identi-

scher Menge aufgeschäumter Milch, und das im Glas.

Cappuccino: Espresso mit warmer Milch und Milchschaum. Italienischer Frühstücksklassiker, gemischt im Verhältnis 1:2:2 (manche behaupten auch 1:1:1). Eng verwandt ist der französische *Café Crème*, ein *Café* mit der gleichen Menge warmer Milch. Die österreichische Variante ist ein *Brauner*, ein mit einem Gemisch aus Milch und Sahne aufgegossener Kaffee.

Latte macchiato: Ein Glas heiße Milch, Milchschaum und ein Espresso. Nicht unähnlich ist der österreichische *Kaffee verkehrt*, ein Milchkaffee, der mehr Milch als Kaffee enthält.

Caffè Latte: Italienische Variante des Milchkaffees, für die ein Espresso mit heißer Milch aufgefüllt wird. Enthält mehr flüssige Milch und weniger Milchschaum als ein Cappuccino. Wer in Frankreich *Café au Lait* bestellt, bekommt ein zu gleichen Teilen aus Filterkaffee und warmer Milch (ohne Schaum) bestehendes Getränk. In Österreich heißt das Ganze *Melange*. Dort ersetzt man einen Teil der Milch auch gern mal durch etwas Sahne.

DIE PERFEKTE KRÖNUNG: DER MILCHSCHAUM

Entscheidend für die seidige Konsistenz des Milchschaums ist der Proteingehalt der Milch, der bei rund

3,5 Gramm pro Liter liegen sollte. Starten Sie beim Aufschäumen immer mit kalter Milch (4 bis 8 °C), sonst erreichen Sie die optimale Endtemperatur von 62 bis 65 °C zu rasch. Wählen Sie eine schmale, kleine Aufschäumkanne, die Sie bis zur Hälfte mit Milch füllen.

Im ersten Schritt bringen Sie Luft in die Milch. Dazu die Dampfdüse nur wenige Millimeter unter die Oberfläche halten und die gewünschte – dann noch grobporige – Schaummenge produzieren. Danach – die Kanne sollte nun beginnen, sich warm anzufühlen – die Düse tiefer eintauchen und die Milch verwirbeln, sodass ein feinporiger Schaum entsteht. Achten Sie darauf, dass die Milch nicht zu heiß wird, sonst gerinnt sie und riecht gekocht.

Alternativ kann man seine Milch auch mit speziellen Rührstäben oder Kannen aufschäumen. Entscheidend ist am Ende, dass der Schaum so cremig ist, dass er sich mit der Crema des Espressos verbinden kann.

Koffeinfreier Kaffee

Wer den Geschmack von Kaffee liebt, aber koffeinfrei genießen möchte, sollte darauf achten, dass der entkoffeinierte Kaffee seiner Wahl aus hochwertigen Bohnen, am besten der Sorte Arabica, besteht. Auch wichtig ist, mit welcher Technik das Koffein extrahiert wurde.

Vermeiden sollte man Kaffees, die mithilfe des Lösungsmittels Dichlormethan entkoffeiniert wurden, das als krebserregend gilt. Außerdem wirkt sich dieses Extraktionsverfahren auch negativ auf den Geschmack des Kaffees aus. Ganz ohne Chemikalien kommt die wasserbasierte Entkoffeinierung aus. Das Verfahren ist allerdings recht aufwendig und wird nur noch von wenigen Unternehmen angewendet. So ist die Extraktion mit CO_2 gegenwärtig Methode der Wahl. Dazu werden die Bohnen mit flüssigem CO_2 umspült und geben das Koffein an die Flüssigkeit ab. Dabei bleiben ihre Geschmacksstoffe weitgehend unberührt, und das CO_2 gibt das extrahierte Koffein ebenfalls wieder ab und kann darum wiederverwendet werden.

KAFFEERÖSTER

ALT WIEN KAFFEE

WIEN · ÖSTERREICH

Angeblich war die Motivation für Christian Schrödl, im Jahr 2000 die bereits seit mehr als 25 Jahren bestehende Rösterei ALT WIEN KAFFEE zu übernehmen, die Tatsache, dass sei-

Oliver Goetz, Mitinhaber von ALT WIEN KAFFEE

nerzeit in Wien schlicht kein guter Kaffee zu haben war. Wie dem auch sei – nach seinem erfolgreichen Start als professioneller Kaffeeröster erweiterte er das Sortiment kontinuierlich, und schon bald folgte der 5-Kilogramm-Röstmaschine der Anfangszeit ein Gerät mit 12 Kilogramm Fassungsvermögen und dann ein Röster für 15 Kilogramm Kaffee.

Seit 2005 verfügt ALT WIEN KAFFEE über eine Bio-Zertifizierung und führt zunehmend doppelt zertifizierte Kaffees – Bio und Fairtrade – im Sortiment. Und 2008 hat Schrödl mit Oliver Goetz einen ehemaligen Stammgast seines Kaffeehauses mit an Bord genommen, mit dem er seither gemeinsam den (Nachhaltigkeits-)Kurs der Rösterei bestimmt. So war ihr Unternehmen 2011 der erste österreichische Röster überhaupt, der Kaffee mit Demeter-Zertifizierung aus Brasilien importierte, röstete und verkaufte.

Geröstet wird bei ALT WIEN inzwischen in einem High-Tech-Röster der Marke Loring Kestrel mit 35 Kilogramm Fassungsvermögen. Während des je nach Sorte 12 bis 20 Minuten dauernden Röstvorgangs liegt

die Höchsttemperatur in der Trommel zwischen 200 und 220 °C. Danach haben die Bohnen einen Röstgrad erreicht, der dem City Roast nahekommt. Dank der modernen Technologie der Loring hat jede Kaffeesorte bei ALT WIEN ein anderes Röstprofil und somit einen eigenen Röstgrad, der auf die jeweiligen Stärken des Kaffees abgestimmt ist und eine große Bandbreite von unterschiedlichen Geschmackserlebnissen ermöglicht. Durch die Konvektionsröstung werden die Bohnen gleichmäßiger erhitzt und wirken dadurch etwas heller.

Aktuell umfasst das ALT-WIEN-KAFFEE-Sortiment 45 unterschiedliche Kaffees, dazu kommen noch 15 exklusiv im Auftrag für größere Kunden produzierte private Labels. Dabei klingt die Philosophie des ALT-WIEN-Teams angenehm bescheiden, wenn sie feststellen: „Guter Kaffee ist nicht Raketenforschung." Sie wollen, so Schrödl und Goetz, ihren Kunden eine breite Palette von dem bieten, was Kaffee alles sein kann, und ihnen die besten (Bio-)Kaffees der Welt verkaufen: fair gehandelt, optimal geröstet und so frisch wie möglich.

BADILATTI

ZUOZ · SCHWEIZ

Die Geschichte dieses Kaffees begann vor mehr als einem Jahrhundert, als ein Graubündner namens Giuseppe Badilatti angesichts der schwierigen wirtschaftlichen Lage in seiner Heimat sein Glück in Italien versuchte und bei Verwandten in Rom das Handwerk des Kaffeerösters lernte. 1912 kehrte Badilatti in seinen Heimatort Zuoz bei St. Moritz im Engadin zurück und eröffnete dort einen kleinen Lebensmittelladen, in dem auch Kaffee zu haben war. 1948 übernahm sein Sohn Giacomo das Geschäft und erweiterte es um eine Kafferösterei, um dort seine eigene Kaffeemischung namens Badilatti zu produzieren und zu verkaufen. Dessen Sohn Daniel wiederum, der die Geschicke des Unternehmens seit 1976 lenkt, konzentrierte sich schließlich gänzlich auf Import und Röstung von Rohkaffee. 2006 begann die offizielle Zusammenarbeit mit Cafè Badilatti Deutschland, und die Exportlinie des auch über die Grenze Graubündens hinaus immer beliebteren Kaffees wurde lanciert.

Das Caferama, das hauseigene Kaffeemuseum von Cafè Badilatti, bietet einen faszinierenden Einblick in die Welt der braunen Bohne.

Badilatti ist Europas höchstgelegene Rösterei, und diese Tatsache ist nicht nur ein interessantes Detail, sondern wirkt sich auch auf die Kaffeequalität aus: Denn aufgrund des durch die Höhenlage von Zuoz bedingten höheren Siedepunktes braucht man dort länger als im Flachland, um die – zu großen Teilen aus umweltfreundlicher und sozial verträglicher Erzeugung stammenden – Bohnen zu rösten. Dies geschieht bei Temperaturen zwischen 180 und 220 °C, und der ganze Vorgang dauert 12 bis 15 Minuten. Die Rösterei verarbeitet jährlich 220 Tonnen Rohkaffee, aus denen – aufgrund des bei 15 bis 20 Prozent liegenden Gewichtsverlustes beim Rösten – rund 180 Tonnen Röstkaffee werden.

Neben dem klassischen Sortiment mit diversen Espresso- und Kaffeeblends – darunter auch der harmonische St. Moritz Café aus gewaschenen Hochland-Arabicas aus Honduras, Nicaragua und Mexiko mit dem offiziellen Label des exklusiven Kurortes – umfasst das Angebot des Schweizer Rösters eine internationale Linie sowie eine Single-Origin-Range mit sortenreinen Kaffees aus einzigartigen Lagen, darunter zum Beispiel auch der legendäre Jamaica Blue Mountain.

BLASERCAFÉ

BERN · SCHWEIZ

Das Schweizer Familienunternehmen Blasercafé produziert bereits in dritter respektive vierter Generation hochwertige Röstkaffees. Begonnen hat alles mit dem kleinen Kaffeehandelsgeschäft, das Walter Blaser 1922 in Zürich eröffnete. Nur wenig später erfolgte der Umzug nach Bern, wo die Firma bis heute ihren Sitz hat.

Schon in den 1930er- und 1940er-Jahren kaufte Blaser seinen Rohkaffee direkt vom Erzeuger, und das Unternehmen setzt bis heute auf gute Kontakte zu den Produzenten und die Rückverfolgbarkeit seiner Kaffees. Gegenwärtig lassen sich 80 Prozent der verarbeiteten Bohnen bis zur Plantage zurückverfolgen, und für die Zukunft sind sogar 100 Prozent anvisiert. Für konstant zuverlässige Qualität sorgen außerdem regelmäßige Kontrollen des Rohkaffees von der Verschiffung bis zur Anlieferung in den Lagern von Blasercafé.

Bei der Röstung lässt man ebenfalls Sorgfalt walten und röstet langsam und schonend in traditionellen Trommel- und Schalenröstern, bis die Blends bis auf den Kern durchgeröstet sind und den je nach Sorte gewünschten Röstgrad erreicht haben. Außerdem wird immer nur so viel Kaffee geröstet, wie am Tag selbst auch verpackt werden kann, um sicherzustellen, dass die Aromen der frischen Röstung sich erst in der Tasse entfalten und nicht schon zuvor verfliegen.

Das Sortiment des Schweizer Rösters umfasst eine Vielzahl von Kaffeelinien. In der Tradition der Wiener Kaffeehauskultur steht die hell bis mittel geröstete Classic Line, die Linea Nera verheißt italienischen Espressogenuss, spezifischer Ausdruck ihrer Herkunftsregion sind die Vertreter der Terroir-Linie, und der OCOA ist ein Single-Estate-Kaffee aus dem Hochland der Dominikanischen Republik.

Ein äußerst ausgewogener und in der Schweiz sehr beliebter Blend mit 80 Prozent Arabica-Anteil und mittlerem Röstgrad ist der Lilla e Rose mit seiner angenehmen Süße. Der Robusta-Anteil verleiht ihm einen kräftigen Körper und sorgt für eine dichte Crema.

BRISTOT

BELLUNO · ITALIEN

Während der glanzvollen Jahre der Belle Époque, die das kulturelle Klima in Europa um die Wende vom 19. zum 20. Jahrhundert prägte, war Wien mit Paris eines der bedeutendsten Zentren des gesellschaftlichen Lebens, ein Treffpunkt für Philosophen, Schriftsteller, Künstler, Wissenschaftler und Unternehmer. Auch wo er zahlreiche Freundschaften schloss, unter anderem mit einem Kaffeeröster, der ihn in die faszinierende Welt des Kaffees einführte.

Nach Italien zurückgekehrt, machte Bristot sich daran, das, was er in Wien in der Theorie über Kaffee gelernt hatte, in die Praxis umzusetzen. Er

Domenico Bristot, den späteren Gründer der gleichnamigen italienischen Rösterei, zog es in die schillernde österreichische Metropole, studierte, probierte, experimentierte, bis er einen Kaffee komponiert hatte, der ihn auf ganzer Linie überzeugte, einen Kaffee mit intensivem Aroma, der gleichzeitig mild und fruchtig war und sich damit erheblich vom zeitgenössischen Kaffeestil unterschied. Diesen Kaffee brachte er 1919 unter dem Namen Bristot auf den Markt und hatte gleich Erfolg mit seinem Konzept. Heute gehört Bristot zur Procaffé AG mit Sitz in Belluno in den italienischen Dolomiten, die als bekannte Espressorösterei auf internationalem Niveau agiert.

Das Sortiment für den Hausgebrauch – Bristot führt außerdem noch eine Reihe gewerbliche Produkte für Gastronomie und Büro – umfasst neben der Linea Tradizionale, die mit kräftigen, typisch italienischen Kaffeearomen die Sinne weckt, unter anderem die Selezione Domenico Bristot mit erlesenen Blends von Kaffees aus den besten Anbaugebieten weltweit sowie die edle Linea Diamante, zu der ein typisch italienischer Espresso, der elegante Espresso Arabica 100%, der besonders für die French Press geeignete Moka Oro sowie ein koffeinfreier Kaffee gehören.

CAFÉS HENRI

HOERDT · FRANKREICH

Im französischen Nordosten ist das Elsässer Unternehmen die Nummer eins unter den Kaffeeröstern. Begonnen hat alles wenige Jahre nach dem Ende des Zweiten Weltkriegs in einem kleinen Laden im Herzen von Straßburg, den Firmengründer Monsieur Henri 1949 mit seiner Rösterei bezog und der bis heute wichtigste Verkaufsstelle von Cafés Henri ist. 1980 übernahm der aktuelle Firmenchef Frédéric Steiner die Geschäfte und machte sich an eine umfassende Modernisierung des Familienunternehmens. Die Rösterei wurde vollständig automatisiert, der Kaffeehandel diversifiziert und auf Gastronomie und Großhandel ausgeweitet. Aufgrund des wachsenden Umsatzes zog die Rösterei 2006 von ihrem Standort in Oberhausbergen, wo sie seit 1963 ansässig war, an den aktuellen Sitz nach Hoerdt um. Dort röstet Cafés Henri gegenwärtig 600 Tonnen Kaffee im Jahr und erzielt mit 80 Mitarbeitern einen Umsatz von 9 Millionen Euro jährlich.

Für die Auswahl der Rohkaffees, die in die diversen Röstungen von Cafés Henri wandern, ist Direktor Frédéric Steiner persönlich zuständig. Er bevorzugt Bohnen, die perfekt gereift mit der Hand von wilden oder halbwilden Kaffeesträuchern gepflückt werden. Jede Charge wird im Labor der Rösterei von Steiner und seinem Röstmeister verkostet. Danach wird der Rohkaffee langsam und schonend rund 20 Minuten lang bei maximal 200 °C veredelt. Der Röstvorgang ist zwar weitgehend automatisiert, wird jedoch strengstens vom Röstmeister überwacht. Traditionell setzt man bei Cafés Henri auf eine eher dunkle „Light-French"-Röstung, doch auch Freunde hellerer Röstungen werden im Sortiment fündig.

Die Rösterei verfügt über ein ausgesprochen umfangreiches Angebot mit harmonischen Blends, fair gehandelten und seltenen Kaffees, dazu Bio-Bohnen, Grands Crus und Single Origins von vier Kontinenten. Absoluter Bestseller aus der ELSASS-Linie von Café Henris mit regionalen Delikatessen ist der ELSASS CAFÉ, ein 100-prozentiger Arabica-Blend, der von Frédéric Steiner entwickelt wurde und mild und aromatisch daherkommt, ohne es an Stärke fehlen zu lassen. Mit denselben Eigenschaften ist auch die BIO-Variante dieses Kaffees ausgestattet, die außerdem auch noch fair gehandelt ist. Beide Sorten sind übrigens echte Allrounder und schmecken sowohl als Kaffee wie auch als Espresso.

CAFFÈ NEW YORK

MONTECATINI TERME · ITALIEN

Montecatini Terme ist ein beliebter Kurort in der Toskana, an dem sich zu seinen besten Zeiten das italienische und internationale Jetset die Klinke in die Hand gab und wo berühmte Komponisten wie Rossini, Verdi und Puccini Erholung von den Strapazen des Künstlerlebens suchten. Wie populär der auch für seine Jugendstilarchitektur bekannte Ort in der Provinz Pistoia bei den Badegästen aus aller Welt heute noch ist, lässt sich an seinen rund 200 Hotels und Herbergen ablesen.

In diesem seinerzeit also durchaus mondänen italienischen Städtchen betrieb in den frühen 1930er-Jahren ein gewisser Ugo Incerpi seine Bar „New York", die sich bei den Kurgästen großer Beliebtheit erfreute. Um nun seiner erlesenen Klientel etwas ganz Besonderes bieten zu können und sich damit von der zweifellos beachtlichen Konkurrenz abzuheben, schaffte Incerpi eine Röstmaschine an, die es ihm ermöglichen sollte, Kaffee ganz nach seinen Vorstellungen zuzubereiten. Und der

Erfolg sollte ihm Recht geben: Schon bald war weit über die Stadtgrenzen hinaus bekannt, dass man in der Bar „New York“ einen ausgezeichneten Kaffee servierte, und an den Wochenenden reisten gar Gäste aus Florenz an, um sich mit der Spezialität des Hauses verwöhnen zu lassen.

Incerpis Nachfolger am Kaffeeröster wurde sein Schwiegersohn Oscar Onori, der sich in den 1950er- und 1960er-Jahren an den Ausbau des Ein-Mann-Betriebes machte und dafür sorgte, dass der Caffè New York in Cafés und Bars in der ganzen Toskana getrunken wurde. Seitdem hat die Marke sich beständig weiterentwickelt, ist größer geworden und hat neue Märkte in Europa und Übersee erobert, doch ein Familienunternehmen ist Caffè New York bis heute. Neben der milden, eleganten traditionellen Barmischung mit Nuancen von Bitterschokolade, Kardamom und nussigen Elementen trägt heute eine Vielzahl von Kaffeespezialitäten das seit der ersten Stunde kaum veränderte New-York-Logo mit der dunkelhäutigen Frau, so etwa eine Fairtrade- und eine Bio-Linie oder der nach dem Entdecker Kolumbus benannte Espresso Cristobal Colon.

CELLINI

GENUA · ITALIEN

Die Geschichte des sich heute in vierter Generation in Familienhand befindlichen Espressorösters begann 1925, als Amleto Pieri seine Tätigkeit als Händler für grünen Rohkaffee

am italienischen Markt aufnahm. Gut zwei Jahrzehnte später stieg er in die Kaffeerösterei ein, und später führte auch sein Sohn Sergio diese Tradition fort. Seine „Torrefazione Caffè Columbia" produzierte seinerzeit noch ausschließlich für den gastronomischen Bedarf und übernahm bald eine führende Position am toskanischen Markt. Die Marke Cellini entstand 1985 aus der Fusion der Rösterei Columbia mit zwei weiteren Röstereien aus dem Barsektor. Ausdruck der Expansionsbestrebungen des Unternehmens war dann 1992 unter Führung von Sergios Sohn Giovanni Pieri die internationale Ausrichtung von Cellini.

Die Produktion der Cellini-Spezialitäten erfolgt heute in der 2005 in Betrieb genommenen Röstanlage in Genua, die als eine der modernsten Europas gilt und über eine Kapazität von 12.000 Tonnen verfügt. Dort werden die Bohnen in drei Trommelröstern schonend veredelt. Dabei handelt es sich um beste Rohkaffees aus den bekanntesten Anbaugebieten der Welt, die im Labor sorgfältig geprüft und verkostet werden. Auch

während des Röstvorgangs werden ständig Stichproben genommen, um eine gleichbleibende Qualität zu gewährleisten. Die Kodierung auf den Verpackungen der Cellini-Kaffees schließlich stellt die Rückverfolgbarkeit jedes Produkts vom Händler bis zur Rohkaffee-Charge sicher.

Das Cellini-Sortiment für den Hausgebrauch umfasst diverse italienische Espressospezialitäten, so zum Beispiel den CREMA E AROMA aus süd- und mittelamerikanischen Bohnen, der sowohl als Espresso als auch in Kombination mit Milch überzeugt, den aus Arabica- und Robusta-Sorten komponierten Blend CREMA SPECIALE, der seine Qualitäten am besten in Milch-Kaffee-Getränken entfaltet, oder den milden PRESTIGIO, der seine Aromen besten Arabica-Bohnen aus Lateinamerika verdankt und durch seine feine Säure geadelt wird.

COFFEE CIRCLE

BERLIN · DEUTSCHLAND

Als Coffee Circle 2010 ins Leben gerufen wurde, ging es den Gründern zunächst um die nachhaltige Unterstützung äthiopischer Kaffeebauern durch fairen und direkten Handel, über das Handelsgut selbst wussten sie noch wenig. Inzwischen sind sie Experten in Sachen Kaffee und verstehen sich als Missionare des guten Kaffeegeschmacks *und* einer neuen Art des Kaffeehandels, dessen Konzept auf einem möglichst direkten Kontakt zwischen Erzeugern und Konsumenten beruht. Sie machen transparent, wie viel Arbeit die Kleinbauern vor Ort in ihre per Hand geernteten und schonend aufbereiteten Waldgarten-Arabicas investieren. So zahlt Coffee Circle für die Kaffees deutlich über Weltmarktniveau liegende Preise, um den Produzenten ein nachhaltiges Wirtschaften und eine zuverlässige Existenzsicherung zu ermöglichen.

Jedes Jahr reisen Vertreter von Coffee Circle in den äthiopischen Südwesten, um vor Ort die besten Kaffees der aktuellen Ernte auszuwählen und sich unmittelbar mit den Kaffeekooperativen und -bauern auszutauschen. Damit haben sie die konkreten Bedürfnisse ihrer Partner bei der Entwicklung von Coffee-Circle-Projekten rund um Gesundheit, Bildung und – last but not least – Kaffeeanbau immer fest im Blick. Geröstet werden die Kaffeespezialitäten der Saison in der Coffee-Circle-Rösterei in Berlin. Dies geschieht in einem Probat-Trommelröster mit 50 Kilogramm Fassungsvermögen bei etwas über 200 °C und dauert 16 Minuten. Das Ergebnis sind bekömmliche, aromatische Kaffees wie zum Beispiel der Bio-zertifizierte YIRGACHEFFE aus der Kooperative Adama Gorbota mit ausgeprägten Vanille- und Brombeernoten, der sich bestens als Filterkaffee eignet, oder auch der ausgewogene LIMU mit seinen vollmundigen Schokoladenaromen, den Coffee Circle für die French Press empfiehlt.

CUBITA

HAVANNA · KUBA

Produziert wird die kubanische Kaffeemarke Cubita von dem Kaffeeunternehmen Kave Coffee, das seinen Rohkaffee von den Kaffeekooperativen in der Sierra Madre bezieht und ihn in der Cubita-Rösterei nahe Havanna weiterverarbeiten lässt. Dass der Kaffee wiederum in deutschen Läden landet, ist dem niedersächsischen Unternehmen EL PUENTE zu verdanken, das fair gehandelte Produkte importiert und vertreibt.

Die Entstehung der Handelspartnerschaft zwischen Kave Coffee und EL PUENTE geht auf das US-amerikanische Handelsembargo gegen Kuba zurück. Dieses nämlich veranlasste Kave Coffee, neue, internationale Kooperationen einzugehen, um mit dem Verkauf des Kaffees Devisen zu erwirtschaften – und EL PUENTE war die erste ausländische Firma, mit der Kave Coffee regelmäßig zusammenarbeitete. Wie wichtig Kaffee für die kubanische Wirtschaft ist, lässt sich auch an dem ehrgeizigen Plan der Regierung ablesen, bis 2020 alle alten Kaffeesträucher auf der Insel durch frische, ertragreichere Varietäten zu ersetzen und damit auch Schädlingen und Pilzkrankheiten entgegenzuwirken.

Auf Kuba gedeihen die Kaffeepflanzen vor allem auf den mittleren Hanglangen in den bergigen Regionen im Osten der Insel, die mit ihrem gemäßigten Klima optimale Anbaubedingungen für die Bohnen bieten und ihnen zu ihrem besonderen Aroma verhelfen. Nach der Aufbereitung an der Sammelstelle erhält der Kaffee in der Rösterei seinen letzten Schliff. Das beginnt schon mit der Sortierung: Für die besondere Export-Qualität werden nur die großen Bohnen ausgewählt. Nach diesem Arbeitsschritt wird der Kaffee schonend geröstet und vor Ort verkaufsfertig verpackt.

Dafür, dass tatsächlich beste Qualität beim Verbraucher landet, sorgen auch die regelmäßigen Verkostungen im Qualitätslabor in Havanna. Geprüft wird der Kaffee in drei Zuständen: als grüne Bohne, in seiner gerösteten Form und schließlich in gemahlenem Zustand. So darf man sich bei dem nach Espressoart dunkel gerösteten Arabica-Blend CUBITA, der es auf jeden Fall mit der italienischen Konkurrenz aufnehmen kann und als echter Geheimtipp gilt, auf ein würziges Vergnügen mit langem Nachgeschmack freuen.

DALLMAYR

MÜNCHEN · DEUTSCHLAND

In der bayrischen Landeshauptstadt ist „der Dallmayr", wie die Münchner das Stammhaus des Traditionsrösters nennen, eine Institution. Rund 3 Millionen Besucher aus aller Welt – und natürlich auch Einheimische – zieht es Jahr für Jahr in das Delikatessengeschäft in der Dienerstraße im Herzen von München, wo es neben Kaffee noch vielerlei Spezialitäten vom Tee bis zur Edelschokolade gibt. Was um das Jahr 1700 als Handelsgeschäft des Kaufmanns Christian Reitter begann, hat sich heute zu einem modernen Familienunternehmen entwickelt, das sich in die Geschäftsbereiche Delikatessen und Gastronomie, Party & Catering, Kaffee & Tee und Vending & Office aufgliedert.

Seinen Namen verdankt das Dallmayr-Imperium dem Kaufmann Alois Dallmayr aus Wolnzach in der

Hallertau, der das Geschäft 1870 übernahm. 1895 ging der Betrieb dann an Anton und Therese Randlkofer. Nach dem Tod ihres Gatten 1897 führte die Witwe die Geschäfte so erfolgreich weiter, dass Dallmayr 1900 zum königlich bayrischen Hoflieferanten avancierte und auch den deutschen Kaiserhof belieferte. Die unsicheren Zeiten der Weltwirtschaftskrise sollten sich später als Glücksfall für das Unternehmen erweisen: Um ein weiteres Standbein zu haben, setzte man ab 1931 auf Kaffee, und 1933 kam mit Konrad Werner Wille ein Fachmann zu Dallmayr, der im Delikatessenhaus eine Spezialabteilung für Kaffee einrichtete, für den Einkauf des Rohkaffees und den Verkauf des Röstkaffees zuständig zeichnete und außerdem selbst am Röster stand. Dies war die Geburtsstunde der Marke Dallmayr Kaffee.

Nach den verheerenden Kriegsjahren widmeten Wille und Familienerbe Paul Randlkofer sich dem Wiederaufbau von Stammhaus und Unternehmen, und unter Willes Leitung entwickelte sich der Kaffeezweig in den 1950er-Jahren äußerst erfolgreich. Aus den 1960er-Jahren stammt die von Wille kreierte Kaffeelinie DALLMAYR PRODOMO, die bald die Herzen der Bayern eroberte und bis heute fester Bestandteil der deutschen Kaffeekultur ist.

Mittlerweile ist Kaffee der bedeutendste Geschäftszweig des Unternehmens. Das Sortiment umfasst zahlreiche Linien, neben der CLASSIC-Range etwa die Reihe CREMA D’ORO für Liebhaber einer ausgeprägten Crema sowie die italienisch inspi-

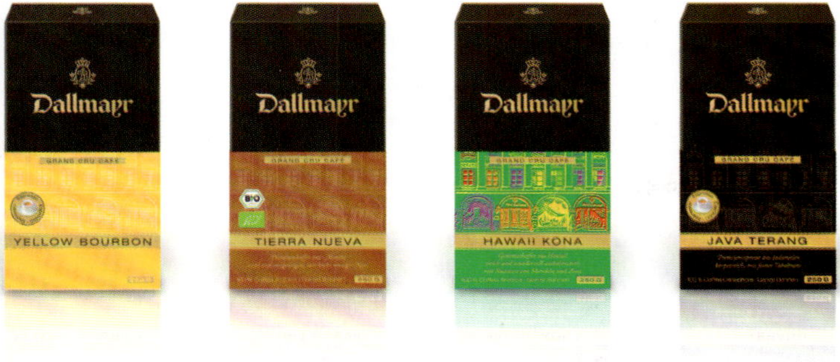

rierten Sorten Caffè Crema perfetto und Espresso intenso. Auch der Trend zu Spezialitätenkaffees ist an dem Traditionshaus nicht vorbeigegangen, wie die sortenreinen Ursprungskaffees der Raritäten-Linie und der Premium-Linie Grand Cru Café im Angebot beweisen. Fast alle Dallmayr-Kaffees bestehen aus äthiopischen Arabica-Bohnen, und gekauft wird nur solcher Rohkaffee, der vor den Augen der Unternehmensexperten bestehen kann. Sie legen Wert darauf, dass die Kaffeekirschen langsam voll ausreifen können sowie sorgfältig gepflückt und aufbereitet werden. Weiterhin agiert das Unternehmen im Sinne des freiwilligen gemeinsamen Kodexes des Kaffeesektors, der auf bessere Lebensbedingungen für die Produzenten, den Schutz der Umwelt und ein effizientes Wirtschaften abzielt und grundlegende soziale, ökologische und wirtschaftliche Standards für mehr Nachhaltigkeit bei Anbau, Verarbeitung und Handel von Rohkaffee beinhaltet. Nicht zuletzt unterstützt Dallmayr die Stiftung „Menschen für Menschen" sowie das Jane Goodall Institute.

DANESI

ROM · ITALIEN

Ganz in römischer Kaffeetradition steht die Espressomarke Danesi Caffè, die die Genusskultur der italienischen Hauptstadt bereits seit 1905 bereichert. Damals eröffnete Alfredo Danesi, ein echter Espressoexperte, sein

Café „Nencini e Danesi“. Die Blends für die Espressi, die dort über den Tresen gingen, waren von ihm selbst komponierte und geröstete Spezialitäten, die er schon damals auch außer Haus verkaufte. 1933 übernahm sein Sohn Giovanni die Geschäfte und konzentrierte sich stärker auf den Vertrieb der Danesi-Espressi in der Gastronomie. Außerdem ist ihm der Handel der römischen Kaffeespezialitäten über die italienischen Landesgrenzen hinaus zu verdanken: Unter seiner Leitung exportierte das Unternehmen bereits in 60 Länder. 1990 schließlich übernahmen seine Söhne Alfredo und Roberto das Ruder. Mit allem Respekt für die Tradition des Unternehmens machten sie sich an eine umfassende Modernisierung der Rösterei. Heute lenkt als vierte Danesi-Generation eine aus drei Schwestern bestehende reine Frauenriege die Geschicke der Traditionsrösterei.

Der Produktionsprozess im Hause Danesi wird in jeder Phase streng überwacht und kontrolliert. Das beginnt mit der Überprüfung der Rohkaffes, bei deren Auswahl man sich für Innovationen aufgeschlossen zeigt, ohne die Tradition zu vernachlässigen. Entscheidend bei der Veredelung ist ungeachtet des Einsatzes modernster Technologien bis heute das Urteil der an der Herstellung beteiligten Menschen, die das gesamte Verfahren mit Know-how und Erfahrung begleiten.

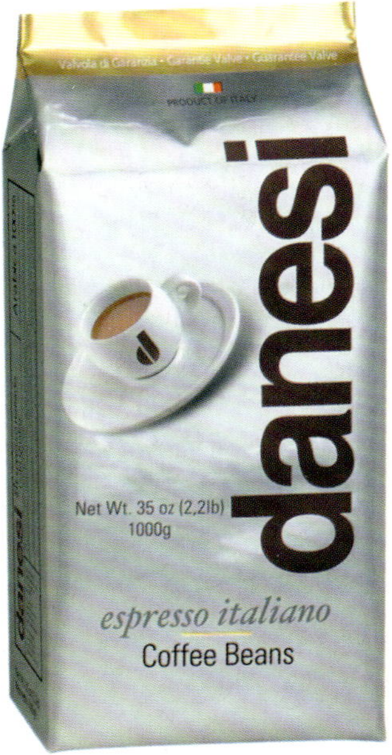

Das Sortiment von Danesi Caffè umfasst herausragende sortenreine Espressi wie den Doppio Danesi aus 100 Prozent Arabica-Bohnen oder den Espresso Oro, der als 100-prozentiger Arabica ein absoluter Klassiker im Programm des römischen Rösters ist und mit seinen feinen Schokoladennoten und den cremigen Aromen als echter Gaumenschmeichler gilt. Dazu kommt noch eine Auswahl raffinierter Blends, zu denen zum Beispiel der dunkel geröstete Espresso Emerald mit 30 Prozent Robusta-Anteil gehört.

DEMMEL KAFFEE

SCHAAN · LIECHTENSTEIN

Eine internationale Angelegenheit ist die kleine, aber feine Rösterei Demmel: Gründer und Chef ist mit Peter Demmel ein Bayer, der 2010 in Wien mit dem Preis des Österreichischen Kaffeemeisters ausgezeichnet wurde. Als Standort für seine Kaffeemanufaktur hatte er 2009 das Örtchen Schaan im kleinen Fürstentum Liechtenstein gewählt. Für Demmel ist Kaffee ein Synonym für entspannten Genuss und eine Tasse Kaffee die perfekte Gelegenheit, einen Augenblick der Ruhe zu finden. Nicht umsonst also ziert all seine Kaffeepackungen der Slogan „Der Moment für mich".

Da ist es nur folgerichtig, dass Demmel auf die Qualität der Rohkaffees, die er am eigenen Röster veredelt, höchsten Wert legt und mehrmals im Jahr nach Hamburg reist, um dort Premium-Kaffees aus aller Welt zu verkosten und sich die besten Bohnen zu sichern. Den gleichen Stellenwert hat bei ihm die gesamte Technik: Die Lagerung der Bohnen erfolgt in modernen Edelstahltanks, und geröstet wird schonend im individuell nach seinen Vorstellungen eingerichteten Röstofen im selbst entwickelten innovativen „Flow-Roast"-Verfahren, bei dem die Bohnen bei Unterdruck geröstet werden, sodass sie ihr vollständiges Aromenspektrum perfekt entfalten können.

Demmel produziert seine Kaffees für ausgewählte Handelsgeschäfte sowie Privat- und Gastrokunden. Und wer Lust hat, sich genauer über Demmels Manufaktur und das Sortiment des ausgebildeten Kaffee-Sommeliers zu informieren, kann das auch vor Ort in Liechtenstein tun. Die vielen sortenreinen Kaffees aus Demmels Angebot gibt es im Laden in Schaan, wer online bestellt, hat die Wahl zwischen dem sortenreinen Kaffee des Monats sowie fünf exklusiven, von Demmel komponierten Blends mit klangvollen Namen wie VIENNA, PALERMO, INTERO, SANTIAGO und VERONA. Letztgenannter ist ein mehrfach prämierter, zu 100 Prozent aus Arabica-Bohnen bestehender sanfter Espresso mit schokoladigen Noten, der pur als feiner Espresso oder Kaffee schmeckt und auch in Kombination mit Milch eine hervorragende Figur macht.

DIEMME

ALBIGNASEGO · ITALIEN

Diemme gehört zu den Traditionsmarken der italienischen Kaffeelandschaft. Die Rösterei liegt 30 Kilometer westlich von Venedig unweit der italienischen Universitätsstadt Padua und befindet sich seit ihrer Gründung 1927 in Händen der Familie Dubbini. Inzwischen lenken die drei Brüder Gianandrea, Sebastiano und Federico als Enkel des Firmengründers Romeo Dubbini in dritter Generation die Geschicke von Diemme. Ihr Führungsstil zeichnet sich ebenso durch ihren Respekt für die große Kaffeetradition des Hauses wie durch ihren Willen zur Innovation aus.

Die 1927 gegründete Traditionsrösterei Caffè Diemme wuchs in den folgenden Jahrzehnten zu einem großen Kaffeeunternehmen heran.

So begann im Jahr 2009 mit dem Bezug des neuen Firmensitzes auch ein neues Kapitel in der Unternehmensgeschichte. Dank der Einführung modernster technischer Standards verfügt der neue Standort über erheblich größere Produktionskapazitäten als die ehemalige Rösterei. In der aktuellen Siloanlage können insgesamt 2000 Doppelzentner – also 200.000 Kilogramm – grüner Rohkaffee eingelagert werden. Dieses bemerkenswerte Fassungsvermögen garantiert die Produktion von jährlich 3 Millionen Kilogramm Kaffee.

Neben Verwaltung und Rösterei gehören zur Firmenzentrale auch noch ein großes Ausbildungszentrum sowie der „Tasting Room", in dem Rohkaffees aus den besten Anbauregionen der Welt verkostet und die Diemme-Blends von erfahrener Hand zusammengestellt werden.

Flaggschiff der Diemme-Range ist der zu 100 Prozent aus Arabica-Bohnen bestehende Espresso MISCELA BLU. Der Blend vereint die Sorten Brazil Alta Mongiana, Tanzania Kilimanjaro, India Arabica, El Salvador High Grow und Colombia Supremo aus den besten Anbaugebieten der Welt. Er zeichnet sich durch seine milde Ausgewogenheit sowie seine süßen, runden Aromen aus und überzeugt durch seinen lang anhaltenden Abgang mit verführerischen Schokoladen- und Mandelnoten. Diese Eigenschaften machen ihn zu einem echten Allrounder, der morgens weckt, aber auch abends nach dem Essen schmeckt.

DINZLER

IRSCHENBERG · DEUTSCHLAND

Namensgeber und Gründer der Dinzler Kaffeerösterei war 1950 Otto Dinzler. Mit einem kleinen Handröster produzierte er damals rund 1000 Kilogramm Kaffee jährlich, um seine Familie und die Kundschaft seines kleinen Lebensmittelgeschäftes im bayrischen Bischofswiesen mit dem begehrten Luxusgut zu versorgen. 1966 übernahm sein Sohn Klaus das Geschäft und spezialisierte sich schon bald auf das Rösten von Gourmet-Kaffees, deren Mischungen und Rezepturen er selbst entwickelte. Wenig später versuchte er sich, angeregt durch die Mailänder *caffè*-Kultur, zusammen mit Franz Richter, der damals Kaffeemaschinen verkaufte, als erster deutscher Röster an der Kreation eines Espressos. So entstand 1986 der legendäre, bis heute im Dinzler-Sortiment befindliche Espresso Il Gustoso, ein Blend aus mittel- und südamerikanischen Arabicas und afrikanischen Spitzenkaffees, mit dem er bald sämtliche italienischen Lokale der Region belieferte. 1997 verkaufte Dinzler seine Rösterei mangels Nachfolger an Isolde und Franz Richter, unter deren Ägide sich das damals drei Mann starke Unternehmen zu einem mittelständischen Familienbetrieb mit beinahe 200 Mitarbeitern entwickelte.

Inzwischen ist Dinzler in Irschenberg angesiedelt, und täglich verlassen bis zu 5 Tonnen frisch gerösteter Kaffee die Rösterei. Die Rohkaffees für seine im Trommelröster schonend gerösteten Kaffeespezialitäten bezieht das Unternehmen, das vor allem an langfristigen Kooperationen mit kleinen Plantagen interessiert ist, unter anderem unmittelbar bei den Bauern im Ursprungsland. Im Sortiment befinden sich neben mit dem Fairtrade-Siegel zertifizierten Kaffees weitere unter fairen Bedingungen gehandelte Kaffees, die jedoch vor allem wegen der hohen, von den Kleinbauern nicht finanzierbaren Zertifizierungskosten kein offizielles Siegel tragen. Für diese Kaffees hat die Rösterei das Dinzler-Siegel „Fair gehandelt“ entwickelt.

DINZLER
KAFFEERÖSTERE
Espresso
Il Gustoso
DINZLER
KAFFEERÖSTEREI
Espresso
Il Gustoso
Frisch geröstet und verpackt von
der DINZLER Kaffeerösterei AG
DINZLER

ELBGOLD

HAMBURG · DEUTSCHLAND

Hinter dem Namen Elbgold verbirgt sich ein El Dorado für Freunde des guten Kaffees im Herzen von Hamburg. Alle Spezialitätenkaffees der Privatrösterei bestehen aus Arabica-Varietäten, für deren Auswahl das Team persönlich in die Anbauländer reist. Dabei legen die Kaffeemacher aus Hamburg großen Wert auf nach-

Chefröster Sebastian Breuer beim Cupping

haltigen Anbau und fairen Direkthandel mit Kaffeebauern und Kooperativen. Ein weiteres Kriterium ist die Aufbereitung der Bohnen im Herkunftsland, die ebenfalls ein wesentlicher Faktor für die Qualität des fertigen Kaffees ist.

Die finale Veredelung der Kaffees schließlich erfolgt von Hand in der hauseigenen Elbgold-Rösterei im traditionellen gasbetriebenen Trommelröster. Dort nimmt der Röstmeister für jede Kaffeesorte zunächst eine Proberöstung vor, um Farbe, Röstzeit und -temperatur optimal auf die spezifischen Eigenschaften der Charge abzustimmen. Im Normalfall dauert der Röstvorgang bei Temperaturen von gut 200 °C zwischen 15 und 21 Minuten. In die Blends, Espressi und Raritäten sowie in die sortenreinen und koffeinfreien Kaffees des Betriebes, der sich zu 100 Prozent den Edelbohnen verschrieben hat, wandern mit größter Sorgfalt ausgewählte Bohnen, die ganz Ausdruck ihres spezifischen Terroirs – jener einzigartigen Kombination aus Klima, Höhenlage und Boden – sind.

Einer der Bestseller aus dem anspruchsvollen Elbgold-Sortiment ist der sortenreine guatemaltekische EL MORENO aus handgepflückten, gewaschenen und sonnengetrockneten Bohnen der Arabica-Varietät Caturra. Er stammt aus der Region Huehuetenango, wo die Familie Perez nahe der mexikanischen Grenze am Berg Ocha Blanca auf 1800 Metern Höhe in vierter Generation Kaffee anbaut. Der eher milde, weiche und sehr süße Kaffee überzeugt durch seine elegante Ausgewogenheit mit Anklängen von Nougat, Schokolade, Honig und Haselnuss.

FARE TREDICI

LIMBURG · DEUTSCHLAND

„Fare Tredici" ist eine italienische Redewendung und bedeutet „einen Glückstreffer landen". Und das ist Nassim Schäfer mit ihrem gleichna-

migen Café mit eigener Rösterei ganz offensichtlich gelungen. Nach der Eröffnung ihres Kaffeefachhandels mit Degustation in der Limburger City im Jahr 2002 verkaufte die junge Frau noch Kaffees anderer kleiner Manufakturen, entschied sich aber 2011, die Rösterei selbst in die Hand zu nehmen, um Herkunft und Qualität ihrer Kaffees ganz eigenständig bestimmen zu können. Dass ihr dies mit sicherer Hand gelingt, beweisen ihre bereits mehrfach prämierten Kaffeespezialitäten.

Als Leitspruch für ihre Arbeit dient Schäfer ein Zitat des französischen Schriftstellers Alexandre Dumas, der einst kurz und knapp feststellte, was einen guten Kaffee ausmache, nämlich: „Erstens: guter Kaffee. Zweitens: guter Kaffee. Und drittens: nochmals guter Kaffee." Bei Fare Tredici herrschen hohe Ansprüche an die Qualität des Kaffees, namentlich die Bedingungen von Anbau und Ernte. Und auch der faire Handel ist bei der Auswahl ein entscheidendes Kriterium.

Wenn es ans Rösten geht, setzt Nassim Schäfer ganz auf Tradition: Entscheidend ist allein das Know-how des Röstmeisters respektive der Röstmeisterin, denn Computertechnologien wird man in der Rösterei vergeblich suchen. Das Verfahren der Wahl ist die schonende Langzeit-Röstung bei niedrigen Temperaturen. Die Röstdauer liegt im

Allgemeinen zwischen 17 und 25 Minuten. Maßgeblich ist hier, für welche Zubereitungsart der Kaffee vorgesehen ist. Außerdem wird nach den Vorgaben der Deutschen Röstergilde jede Sorte einzeln geröstet, damit die Bohnen ihre Aromen optimal entfalten können. Auf diese Weise entstehen bekömmliche Kaffees mit angenehmer Säure, die auch von empfindlichen Mägen gut vertragen werden.

Besonders geschätzt von Publikum und Kritik wird die F-13 Mischung Espresso 80/20, komponiert aus vier Hochland-Arabica-Bohnen und mit einem Robusta-Anteil von etwa 20 Prozent. Er überzeugt als mittelkräftig-milder, harmonischer und runder Allrounder für alle Gelegenheiten sowohl in purer Form als auch als Grundlage für Kaffeespezialitäten mit Milch.

GREEN CUP COFFEE

WEILHEIM · DEUTSCHLAND

Eine unglaublich gute Tasse Kaffee war für die beiden Schwestern Annika Wittrock – damals noch Poloczek – und Carolin Maras im Jahr 2009 der Anstoß, selbst ins Kaffeegeschäft einzusteigen: Denn in dem Café, das ihnen das Geschmackserlebnis der Extraklasse bescherte, konnte ihnen seinerzeit niemand Genaueres über den Kaffee sagen, der sie so begeistert hatte. Auf die Erkenntnis, dass in Deutschland kein Getränk so beliebt ist wie Kaffee, aber fast keiner weiß, woher er kommt und wie man ihn richtig zubereitet, folgte der Entschluss, unter dem Namen „Black Pirate Coffee Crew“ einen Online-Shopping-Club für Kaffee und Kaffeezubehör zu starten und damit Licht in den Nebel der Unwissenheit zu bringen. 2011 übernahm der Passauer Müsli-Händler MyMuesli das kleine Unternehmen, um es unter dem Namen Green Cup Coffee neu aufzuziehen.

Inzwischen hat Röstmeister Thomas Eckel die Geschäftsleitung von Annika Wittrock übernommen. Er setzt wie seine Vorgängerin auf Transparenz bis zur Finca, fairen Handel, tra-

ditionelle Röstung und – last but not least – die richtige Zubereitung. So führt der Onlineshop ausgewählte sortenreine Jahrgangs-Kaffees von kleinen Erzeugerbetrieben aus den besten Anbauregionen weltweit: Auf jeder Kaffeedose steht, aus welcher Region und von welchem Kaffeebauern der Inhalt stammt und auf welchem Breitengrad das Anbaugebiet liegt. Für die Bohnen zahlt Eckel Preise, die noch über dem Fairtrade-Preis liegen. Als Röstmeister nimmt er natürlich auch Auswahl und Verkostung der Rohkaffees vor. Bei der Veredelung der Rohkaffees im traditionellen Trommelröstverfahren hält er es mit der skandinavischen Kaffeephilosophie und röstet die Kaffees und Espressos von Green Cup Coffee eher hell, um auch feinste Nuancen in Geschmack und Aroma zu erhalten.

Einen guten Überblick über das Angebot von Green Cup Coffee bieten die Kaffee- und Espresso-Probiersets. Die „Kaffee-Weltreise“ umfasst drei sortenreine Arabica-Kaffees: fruchtig-schokoladigen TEMPIXQUE aus Guatemala, peruanischen PACHA MAMA mit intensiven Mandelnuancen und einer dunklen Kakaonote sowie vollmundig-samtigen SANTA ELENA aus Costa Rica mit unwiderstehlicher Honigsüße. Bei der „Espresso-Weltreise“ gibt es bekömmlichen NAGAMBIKA ESTATE aus Indien, schokoladig-nussigen brasilianischen NOSSA SENHORA und intensiven CASA RUIZ aus Panama mit nussig-blumigen Nuancen.

HANNOVERSCHE KAFFEEMANUFAKTUR

HANNOVER · DEUTSCHLAND

Die Hannoversche Kaffeemanufaktur ist ein Familienbetrieb. Kopf und Herz des Ganzen ist Kaffee-Connaisseur und Gründer Andreas Berndt, der sich nach vielen Berufsjahren in diversen Managementpositionen entschied, seine Passion zum Beruf zu machen und sein gesammeltes Kaffeewissen im eigenen Unternehmen zur Anwendung zu bringen. So eröffnete er im März 2012 mit tatkräftiger Unterstützung von Ehefrau und Söhnen die Hannoversche Kafferösterei im Stadtteil Limmer. Schon 2014 folgte eine Kaffeebar in einem Kaufhaus am Hauptbahnhof Hannover, und seit 2016 gehört zum Unternehmen noch eine weitere größere Rösterei mit Café in Burgdorf in der Region Hannover.

Bei der Auswahl der Rohkaffees legt Berndt höchsten Wert auf Qualität. So wandern in seine Röster ausschließlich Bohnen von kleinen Produzenten, deren Kaffees bei besten Bedingungen gedeihen – Massenware wird man in der Hannoverschen Kaffeemanufaktur sicher nicht finden. Geröstet wird in einem schonenden Langzeitverfahren, das auch als Wiener Röstung bekannt ist, und das unbedingt sortenrein. Dabei steigt die Bohnentemperatur nie über 190 °C, und die Röstzeit beträgt rund 20 Minuten. Wenn der gewünschten Röstgrad kurz vor dem zweiten Crack erreicht ist, wird der Röstvorgang beendet.

Die Steuerung der Röstung erfolgt von Hand: Denn Berndt ist überzeugt davon, dass man der natürlichen Heterogenität der Kaffeebohnen nur mit reichlich Erfahrung und sensorischem Feingefühl gerecht werden kann, und gerade diese Fähigkeiten bietet ein Röstprogramm mit festgelegter Temperaturkurve nicht.

Die Hannoversche Kaffeemanufaktur führt ein Sortiment mit rund 40 Kaffeesorten, darunter sortenreine Spezialitätenkaffees und Espressos, anspruchsvolle Kaffee- und Espressoblends sowie die Reihe EXCLUSIVE SELECTION. Mit dem aromatischen Arabica-Blend SOPHIES FEINE RÖSTUNG, der seit 2015 produziert wird, würdigt die Rösterei in Kooperation mit den Herrenhäuser Gärten die Kurfürstin Sophie (1630–1714), auch bekannt als Sophie von Hannover, unter deren Anleitung ein großer Teil der berühmten Barockgärten in Hannover angelegt wurde.

HAUSBRANDT

NERVESA DELLA BATTAGLIA · ITALIEN

Die heute zu Italien gehörende Hafenstadt Triest war von 1382 bis 1918 beinahe durchgehend Teil der Habsburgermonarchie und erblühte unter Kaiserin Maria Theresia von Habsburg (1717–1780) zu einem wichtigen Handelszentrum. 1748 öffnete als Ausdruck des regen wirtschaftlichen und geistigen Lebens der Stadt das erste Kaffeehaus seine Pforten. Nach dem Zwischenspiel der napoleonischen Herrschaft von 1797 bis 1813 wurde Triest unter den Habsburgern zu einer der wichtigsten Städte in Österreich-Ungarn.

In der Aufbruchsstimmung des ausgehenden 19. Jahrhunderts entstand hier 1892 die Marke „Specialità Caffè Hausbrandt“ und hatte vor allem dank der anspruchsvollen industriellen Verarbeitung der Kaffeebohnen in Kombination mit den innovativen Werbekampagnen schon bald Erfolg. So überstand Hausbrandt beide Weltkriege und zeichnete sich auch in den folgenden Jahrzehnten durch seine innovative, technologieorientierte Firmenpolitik aus. 1988 schließlich kaufte der italienische Kaffeeunternehmer Martino Zanetti die Traditionsmarke und lenkt seitdem mit seiner Familie die Geschicke der international agierenden Rösterei.

Nach wie vor zeigt man sich bei Hausbrandt dem technischen Fortschritt aufgeschlossen – wenn er der Qualität des Kaffees dienlich ist. So erfolgt die Kontrolle der noch grünen Arabica-Bohnen per biochromatischer Selektion. Dabei wird jede einzelne Bohne rund 30 Mal mithilfe von Fotozellen analysiert, um unreife oder vergorene Bohnen sofort auszusortieren, und auch die Robustas werden sorgfältig überprüft. Bei der Röstung wird die Temperatur ständig mit Wärmesonden kontrolliert, danach wird der Kaffee sofort gekühlt, um eine Selbstentzündung der Bohnen zu verhindern.

Das Hausbrandt-Programm besteht aus diversen erlesenen Kaffeeblends. Da wäre zum Beispiel als Top-Mischung der Marke der Gourmet Columbus mit Aromen von Bitterkakao und Süßwurzel aus 100 Prozent kolumbianischen Arabicas oder der milde, angenehme Moka, der sich dank seiner Mahlung bestens für die klassische italienische Espressokanne eignet, und ein klassischer Espresso fehlt ebenso wenig wie ein entkoffeinierter Kaffee.

ILLY

TRIEST · ITALIEN

Wohl kaum eine Rösterei hat sich um die Verbreitung der italienischen Kaffeekultur so verdient gemacht wie das Triester Unternehmen illycaffè. Die Geschicke des international agierenden Kaffeerösters liegen bis heute in Familienhand. Urvater

der iIlly-Dynastie war mit Francesco Illy ein Italiener österreichisch-ungarischer Abstammung, der 1933 zunächst ein Geschäft für Kakao und Kaffee gründete, um sich später ganz den koffeinhaltigen Bohnen zu widmen. Einige Jahre nach dem Zweiten Weltkrieg übernahm sein Sohn Ernesto die Geschäftsleitung und widmete sich mit Leidenschaft der wissenschaftlichen Erforschung des Kaffees und der weltweiten Verbreitung seiner Marke. In dritter Generation führen heute seine Söhne Andrea und Riccardo das Kaffeeimperium.

Ein Grundpfeiler der Unternehmenspolitik ist der Nachhaltigkeitsgedanke. So kauft illycaffè seinen Rohkaffee direkt bei den Erzeugern. Gleichzeitig steht das Unternehmen den Kaffeebauern beratend zur Seite, um ihnen das erforderliche Wissen für einen in jeder Hinsicht nachhaltigen Anbau zu vermitteln, und zahlt ihnen angemessene Preise für ihre hochwertigen Rohkaffees. Diese werden dann mittels eines äußerst effizienten elektronischen Systems kontrolliert, und jede Charge durchläuft bei der weiteren Verarbeitung 125 Kontrollen und acht Geschmackstests.

Ungeachtet ihrer Internationalität ist das Sortiment der Marke sehr überschaubar. Das Unternehmen vertreibt weltweit nur eine einzige Kaffeemischung, die aus neun verschiedenen Arabicas besteht. Diese verleihen dem ILLY-Blend seinen unverwechselbaren Geschmack mit ausgewogener Säure, einem Hauch Bitterkeit und angenehmer Süße. Zu haben ist der Blend in feiner Mahlung in mittlerer und starker Röstung und entkoffeiniert, außerdem gröber gemahlen für die Zubereitung als Mokka. Seit 2010 komplettiert die MONOARABICA-Linie mit den neun Arabicas aus dem Blend als Einzelsorten das Angebot.

INDIE ROASTERS

BIELEFELD · DEUTSCHLAND

Einen recht unkonventionellen Anfang nahm die noch junge Geschichte der Bielefelder Indie Roasters im Jahr 2014, als Torsten Rosendahl, Anne Gerulat und Rainer Kespohl überraschend die Gelegenheit hatten, 8 Tonnen Bio-Rohkaffee aus Indien nach Deutschland zu importieren. Eine Rösterei hatten sie damals allerdings noch nicht, eine konkrete Vorstellung davon, wie es mit der Produktion nun weitergehen sollte, ebenso wenig. Und Geld noch viel weniger. Also war Kreativität gefragt,

Anne Gerulat und Torsten Rosendahl

und mit viel Energie und Improvisationstalent konnten die drei Jungunternehmer schließlich beginnen, unter der Marke Indie Roasters Kaffee zu rösten und zu vertreiben.

Heimat ihres 12-Kilogramm-Probat-Rösters ist das Pförtnerhäuschen einer historischen Fabrikanlage in Bielefeld-Senne. Und die harte Arbeit der letzten Jahre trägt sichtbare Früchte: Das kleine Start-up hat sich in der wachsenden Gemeinde der Mikroröstereien etablieren können, und es kommt Jahr für Jahr mehr Rohkaffee aus Indien an. Dank der wachsenden Erfahrung der Indie Roasters sowie ihrer persönlichen Beziehungen zu den Produzenten wird die Qualität auch immer besser. Und das belohnen die Kunden – namentlich Gastronomie, Unternehmenswelt und Privatleute – mit einer wachsenden Nachfrage nach den Indie-Röstungen.

Neben diesen Kerntätigkeiten bemühen sich die Bielefelder Röster außer-

dem noch um Kooperationen mit anderen Röstereien, um die Kontingente ihrer Partnerfarmen vollständig abnehmen zu können, was für alle Seiten mehr Planungssicherheit bedeutet. Bei der Auswahl der Bio-Kaffees, die sie direkt bei den Produzenten beziehen, legen die Indie Roasters Wert auf nachhaltige Anbauverfahren: Der Kaffee gedeiht in Schattenwäldern im Schutze anderer Kulturpflanzen, wird in zwei bis drei Durchgängen von Hand geerntet, aufbereitet und verschifft. In Bielefeld angekommen, röstet Torsten Rosendahl die edlen Bohnen in kleinen Chargen, um lange Lagerzeiten zu verhindern.

Ein Highlight unter den Indie-Roasters-Spezialitäten ist der KAFFEE 4|6, eine dunkle Kaffee-Crème-Röstung aus 40 Prozent indischem Bio-Arabica und 60 Prozent indischem Bio-Robusta, der sich besonders für die Zubereitung im Kaffeevollautomaten eignet und Liebhabern kräftiger Kaffees auch gut aus Siebträgermaschine oder French Press schmecken wird.

IZZO

ANAGNI · ITALIEN

1979 gründete Vincenzo Izzo am Fuße des Vesuvs in dem Städtchen Anagni eine kleine Rösterei. Sein Ziel: exzellenten Espresso nach neapolitanischer Tradition zu produzieren. Dass ihm dies gelungen ist, lässt sich sowohl an der Beliebtheit seines Kaffees in Bella Italia als auch am stetigen Wachstum des Unternehmens ablesen, dessen Produkte weit über die Landesgrenzen hinaus großes Ansehen genießen. Aktuell exportiert Izzo Caffè rund 70 Prozent seiner Produktion nach Asien und in die Vereinigten Staaten.

Inzwischen gehen die Aktivitäten des Rösters außerdem über das reine Kaffeegeschäft hinaus: Izzo verfügt heute über ein eigenes Franchise-System für Coffeeshops, um mit seinen Partnern die Bekanntheit der Marke auf internationaler Ebene zu fördern und die Welt für die spezifischen Qualitäten der neapolitanischen Espressokultur zu gewinnen.

In seiner italienischen Heimat erfreut sich insbesondere der Izzo Silver großer Beliebtheit. Die sehr

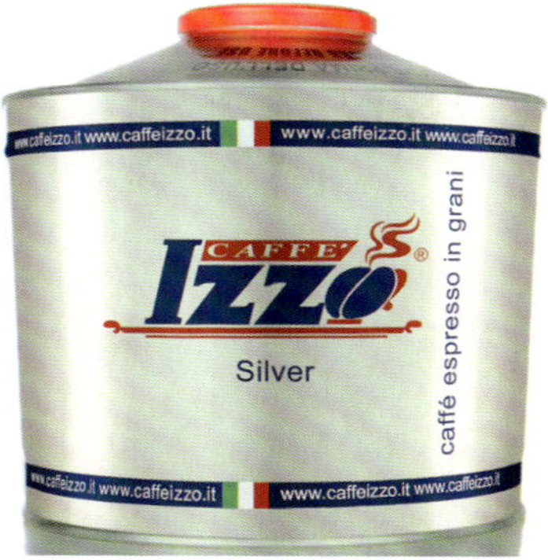

dunkelbraunen bis schwarzen Bohnen sind in ihrer Farbe typisch für den sogenannten Italian oder auch Neapolitan Roast, der bis über den zweiten Crack hinausgeht. Von der Farbe sollte man sich auf keinen Fall täuschen lassen. Bei den Bohnen handelt sich um erlesene Arabicas sowie einen geringen Anteil Robusta, die in der Tasse kein bisschen bitter schmecken. Nach Expertenmeinung kommen die Aromen des Izzo Silver am besten zur Geltung, wenn er bei sehr hohen Temperaturen gebrüht wird – experimentieren lohnt sich auf jeden Fall.

Im Ausland hegt man eher eine Vorliebe für den etwas eleganteren Izzo Gold, bei dem es sich um einen reinen Arabica-Blend handelt, der sehr weich und harmonisch daherkommt und den Silver nach Aussagen von Kennern in der Qualität noch übertrifft. Besonders verführerisch ist sein voller, schokoladiger Geschmack, der ihn zu einer veritablen Gourmet-Röstung macht.

J. HORNIG

GRAZ · ÖSTERREICH

Ein Unternehmen mit über 100-jähriger Tradition ist der österreichische Kaffeeröster J. Hornig, dessen Leitung bereits in vierter Generation in Familienhand liegt und der sich als einer der ganz wenigen seiner Zunft damit rühmen darf, dass sein Kaffee auch schon im All getrunken wurde: 1991 flog Franz Viehböck im Rahmen des Projekts „Austromir 91“ mit einem russischen und einem kasachischen Kosmonauten-Kollegen zur Raumstation „Mir“. Dort angekommen, bewirtete der erste und bisher einzige „Austronaut“ im All seine Gastgeber mit Mozartkugeln und Hornig-Kaffee.

Angefangen hat alles im Jahr 1912, als Johannes Hornig I. den Kolonialwaren- und Delikatessenladen seines Lehrherrn in der Grazer Sporgasse pachtete und dort begann, seinen ersten eigenen Kaffee zu rösten. Unter seinen Söhnen Johannes II. und Erich wuchs das Unternehmen stetig weiter: 1960 konnte die neue Großrösterei der Hornigs in der Waagner-Biro-Straße ihren Betrieb aufnehmen, und seit 1983 ist Hornig-Kaffee österreichweit im Einzelhandel vertreten. Seit 2011 lenkt Johannes Hornig IV. als Geschäftsführer die Unternehmensgeschicke.

Die Bohnen für die Kaffees aus dem Hause Hornig stammen aus ausgesuchten Anbaugebieten weltweit. Die Veredelung erfolgt seit jeher schonend im Trommelröster und dauert rund 20 Minuten bei Temperaturen von höchstens 200 °C. Die Temperatur kann außerdem auch während des Röstvorgangs von den Röstmeistern variiert werden, um das Röstprofil optimal auf die Bohnen abzustimmen. Die Blends von Hornig werden übrigens bereits vor dem Rösten gemischt, um sicherzustellen, dass der Geschmack der fertigen Mischung immer einheitlich ist.

Im Privatkunden-Sortiment der Spezialitätenrösterei finden sich neben dem ESPRESSO CREME in „normaler" und Bio-Variante noch der Kaffee SPEZIAL, der seit Jahrzehnten Aushängeschild des Unternehmens ist, der ALLES ARABICA, eine 100-prozentige Arabica-Mischung mit erstklassigem Mokka aus Äthiopien, der kräftige BREMER mit einer Mischung aus Robusta- und Arabica-Bohnen sowie ein entkoffeinierter Kaffee. Seit 2015 im Angebot ist die Linie JOHO's mit verschiedenen direkt gehandelten Spezialitätenkaffees, die ohne Umwege über Zwischenhändler in den Hornig-Röstern landen.

JULIUS MEINL

WIEN · ÖSTERREICH

1862 legte Julius Meinl I. den Grundstein für den Erfolg der Meinl-Kaffees. Zunächst verkaufte er in seinem Kolonialwarengeschäft im 1. Wiener Bezirk grünen Rohkaffee sowie Tee, Kakao, Zucker und Reis. Als einer der Ersten entwickelte er 1875 ein mechanisches Röstverfahren und erweiterte

sein Angebot auf frisch gerösteten Kaffee. Zu Zeiten der K.-u.-k.-Monarchie florierte das Geschäft mit dem Kaffee, und Meinl etablierte sich als Branchenführer. Auch nach dem Ersten Weltkrieg wuchs das Unternehmen kräftig weiter, und Ende der 1930er-Jahre zählte man über 1000 Filialen in ganz Europa. Wenngleich lediglich die österreichischen Meinl-Geschäfte den Zweiten Weltkrieg überlebten, konnte sich die Julius Meinl AG in der Folge zu einem führenden mitteleuropäischen Konzern entwickeln. Einen Wendepunkt markierte der Verkauf aller Filialen (bis auf das Spezialitätengeschäft am Graben in Wien) 1999 und 2000, mit dem die Firma sich wieder auf das ursprüngliche Kaffeegeschäft mit Schwerpunkt in der Gastronomie konzentrierte. Heute ist Meinl eines der führenden Kaffeeunternehmen im Bereich Premiumgastronomie insbesondere in Österreich, Italien sowie in Mittel- und Osteuropa.

Geröstet wird an zwei Standorten. In der hochmodernen Anlage im norditalienischen Vicenza konzentriert man sich auf die italienischen Röstungen, während der Fokus in der seit 1911 in Betrieb befindlichen

Traditionsrösterei im historischen Firmengebäude in der Julius-Meinl-Gasse in Wien auf der Wiener Röstung liegt. In die Meinl-Röster wandern traditionell Hochland-Arabica- sowie Premium-Robusta-Bohnen der weltweit besten Kaffeeplantagen. Um die Qualität der Kaffeeblends zu gewährleisten, erfolgen im Laufe des Produktionsprozesses von der Anlieferung des Rohkaffees bis zum fertig gerösteten Kaffee zahlreiche Qualitätskontrollen.

Das umfangreiche Sortiment umfasst neben der hochwertigen Standardrange mit Qualitätskaffees und anspruchsvollen Espressos exklusive Spezialitäten wie die Julius Meinl Atelier-Kollektion mit Spezialitätenkaffees aus den besten Anbaugebieten weltweit oder eine Kollektion von sechs Single-Region-Kaffees. Ganz in der Tradition der Wiener Kaffeehauskultur steht die Wiener-Reihe in den Varianten Espresso, Mokka und Melange.

KAFFEEWELT EISBRENNER

BIELEFELD · DEUTSCHLAND

Betreiber der Bielefelder Mikrorösterei Kaffeewelt Eisbrenner sind Angelika Eisbrenner und Andreas Risse. Den Grundstein für sein Unternehmen legte das Ehepaar nach einer Jamaika-Reise 2004, bei der die beiden die Betreiber einer Kaffeeplantage in den legendären Blue Mountains kennenlernten und beschlossen, selbst Rohkaffee nach Deutschland zu importieren. Nach einigen Jahren eröffneten sie dann ihre eigene Rösterei, um sich dort mit der Veredelung von Rohkaffees aus aller Welt zu beschäftigen.

Bei der Auswahl der Rohkaffees legen sie Wert darauf, dass die Bohnen langsam reifen können und von Hand geerntet werden. Weiterhin kommen nur Kaffees infrage, deren Anbau nach sozial nachhaltigen Kriterien erfolgt. Veredelt werden diese im traditionellen Trommelröster, denn nur so, davon sind Eisbrenner und Risse überzeugt, behält der Kaffee das ganze Spektrum seiner Aromen, während unerwünschte Reizstoffe verschwinden. Alle Kaffees aus dem Sortiment werden jede Woche frisch geröstet, die Veredelung der Bohnen für Gastronomie und Handel erfolgt direkt vor der Lieferung.

Das Angebot umfasst eine umfangreiche Range sortenreiner Spezialitätenkaffees aus den verschiedensten Anbauregionen weltweit, dazu kommen diverse Blends, zu denen auch der CAFÉ MIRAFLOR zählt. Dabei handelt es sich um einen Eigenimport der Rösterei aus der nicaraguanischen Partnerstadt von Bielefeld, Estelí. Die Arabicas aus dem Naturschutzgebiet Miraflor sorgen für ein rundes Geschmackserlebnis mit nussigen Aromen und einen an alten Cognac und frische Mirabellen erinnernden Duft. Füllig wird die Mischung durch ihren winzigen Robusta-Anteil. In der Espressovariante des als DER BIELEFELD KAFFEE vertriebenen Blends ergänzen feine Bitternoten aus dunkel gerösteten Robusta-Bohnen das Aromaprofil.

Der Bielefeld Kaffee
Café Miraflor
aus unserer Partnerstadt
Estelí in Nicaragua
250g Crema Kaffeebohnen
fair gehandelt
FAIRTRADE

KAFISCHMITTE

LANGNAU · SCHWEIZ

Roger Wittwer (links) und Michael Otte holen das Beste aus den Bohnen.

Seinen ersten Kaffee hat Roger Wittwer nach eigenem Bekunden in der Bratpfanne auf dem Balkon geröstet. Heute betreibt er gemeinsam mit Michael Otte die renommierte Mikrorösterei Kafischmitte im Schweizer Emmental. Da die beiden ihren Lebensunterhalt nicht in der Kaffeebranche verdienen, ist der einzige Anspruch an ihre seit 2009 bestehende Rösterei in wirtschaftlicher Hinsicht eine „schwarze Null" am Ende des Jahres. Dies gewährt ihnen einen großen Freiraum bei ihren Geschäftsentscheidungen – und damit das so bleibt, wollen die beiden auch in Zukunft nicht mehr als neun Tonnen Kaffee jährlich verkaufen. Dafür soll der von exzellenter Qualität sein.

Beim Einkauf ihrer hochwertigen Rohkaffees setzen Wittwer und Otte auf fairen und direkten Handel, um den Kaffeebauern finanzielle Sicherheit und damit langfristige berufliche Perspektiven zu bieten – und unter Umständen sogar die Möglichkeit, kleine Gewinne in ihren Betrieb zu investieren. Bemerkenswert – und sicherlich eine Ausnahme in der Kaffeebranche – ist auch ihre transparente Preisgestaltung: Im Onlineshop der Rösterei geben die Schweizer bei jedem Kaffee an, wie viel sie dem Erzeuger für sein Produkt gezahlt haben.

Bei der Röstung der sortenreinen Kaffees vertrauen die Kaffeeunternehmer auf einen portugiesischen Joper-Röster mit einem Fassungsvermögen von 15 Kilogramm, das jedoch um der Röstqualität willen nie ganz ausgeschöpft wird. Die Kafischmitte-Kaffees sind sämtlich höchstens mitteldunkel geröstet, damit die individuellen Aromen der verschiedenen Kaffees sich optimal entfalten können.

Das Sortiment des Mikrorösters wandelt sich im Übrigen ständig. Sortenreine Kaffees sind nie länger als ein paar Monate erhältlich, und welche das gerade sind, hängt davon ab, in welchem Erdteil der Kaffee gerade Erntesaison hat. Ebenfalls immer wieder anders ist entsprechend das Angebot an Rohkaffees für Selbströster, deren geschmackliche Eigenschaften sehr ausgeprägt sind.

KIMBO

NEAPEL · ITALIEN

Obwohl die Gebrüder Rubino ihren hauseigenen Espresso in den 1950er-Jahren zunächst ausschließlich in dem familieneigenen Café servierten, genoss er auch über die Grenzen ihres Stadtviertels hinaus einen ausgezeichneten Ruf. Die Erfindung der Vakuumverpackung markierte 1963 den Startschuss für die professionelle Vermarktung ihrer Hausmarke, denn mit der neuen Technologie konnten sie den frisch gerösteten Kaffee ohne Qualitätsverlust auch über weite Strecken transportieren bzw. transportieren lassen.

So eroberte der original neapolitanische Espresso zunächst Italien, um dann auch auf dem internationalen Parkett zu reüssieren. Bereits seit 1994 rangiert Kimbo im italienischen Einzelhandel bei den abgepackten Kaffees auf Rang zwei. Heute hat das Unternehmen rund 170 Mitarbeiter und verfügt in Melito bei Neapel über eine industrielle Rösterei. In Sachen Produktion setzt man konsequent auf Modernisierung, um gute Qualität nach neapolitanischer Tradition garantieren und auch in Sachen Umweltschutz Schritt halten zu können. Ungeachtet der konsequenten Automatisierung von Mischung und Röstung verlässt man sich bei Kimbo jedoch weiterhin auch auf Urteil und Einschätzung erfahrener Mitarbeiter.

Die Auswahl der Rohkaffees erfolgt im Erzeugerland. Wenn die Robustas und Arabicas nach der Aufbereitung in Italien eintreffen, werden sie erneut auf Herz und Nieren geprüft und verkostet. Geröstet wird zwischen 8 und 12 Minuten bei Temperaturen von 160 bis 250 °C, erst dann geht es an die Zusammenstellung der Blends und schließlich die Verpackung.

In deutschen Supermärkten finden sich die Espressospezialitäten der internationalen Kimbo-Range erst seit 2015. Freunde des neapolitanischen Espressos, der seine Dickflüssigkeit, Cremigkeit und dunkle Farbe seinem speziellen Röstverfahren und der sogenannten „neapolitanischen Mischung“ verdankt, haben die Wahl zwischen dem feinen Kimbo Aroma Gold 100% Arabica, der mit hauchzarten Schokoladennoten lockt, dem sehr intensiven Kimbo Aroma Intenso mit vollem Körper und starkem Geschmack und schließlich dem Espresso Napoletano für Kaffeegenuss wie in einer neapolitanischen Bar: voll, intensiv, mit lang anhaltender Crema.

KOPIBA

HAMBURG · DEUTSCHLAND

Thomas Haack, seines Zeichens Geschäftsführer der kleinen Rösterei im Hamburger Schanzenviertel, hatte dem Kaffee eigentlich schon abgeschworen – nichts für seinen empfindlichen Magen. Dann aber begann er, im Kaffeegeschäft zu arbeiten, und lernte so einiges über die Bohnen, die Geschichte des Kaffees und nicht zuletzt auch, was einen guten Kaffee ausmacht. Und seit 2009 stellt er mitten in St. Pauli unter Beweis, dass er sich darauf versteht, an seinem Probat-Röster das Beste aus den Bohnen herauszuholen.

Direkt probieren kann man die diversen Kaffeespezialitäten in dem kleinen Café, das zur Rösterei gehört und sich abends in eine Bar verwandelt. Kultstatus im mittlerweile gewachsenen Sortiment von Kopiba genießt der auch weit über die Grenzen des Schanzenviertels hinaus bekannte St. Pauli Deathpresso, ein kräftig-würziger Espressoblend aus verschiedenen Arabica-Sorten mit einem Robusta-Anteil von 40 Prozent, der mit dem Slogan „Schlafen kannste, wenn du tot bis" wirbt. Für Haack war der durchschlagende

Erfolg dieses Kaffees eine echte Überraschung. Eigentlich nämlich war der Verkauf des Blends, dessen Logo eine zum Totenschädel – der FC St. Pauli lässt grüßen – stilisierte Espressotasse ist, als einmalige Aktion zu einem Straßenfest gedacht – und schlug so ein, dass er ins Programm aufgenommen wurde. Zu verdanken ist der Erfolg wohl zu gleichen Teilen seiner zweifellos besonderen Qualität und seinem hohen Lifestyle-Faktor. Das Logo ziert inzwischen auch T-Shirts, Poster und Kaffeedosen, und anders als die restlichen Espressos auf der Kopiba-Karte wird er in einer schwarzen Tasse serviert.

Mögen die übrigen Kaffees aus dem Kopiba-Sortiment auch weniger spektakulär daherkommen, in Qualität stehen sie ihrem berühmten Kollegen keineswegs nach. Die Blends werden allesamt mit Hingabe und Know-how vom Kopiba-Chef selbst komponiert, so zum Beispiel die füllig-intensive Filterkaffee-Mischung EARLY BYRD. Mit der ALLES WIRD GUT-Linie unterstützt Kopiba soziale Projekte in Kaffeeländern. Und Puristen kommen bei Haack gleich doppelt auf ihre Kosten: Neben den sortenreinen Kaffees führt die Rösterei auch noch eine sortenreine Bio-Linie.

LA SEMEUSE

LA CHAUX-DE-FONDS · SCHWEIZ

Ursprünglich hatte das im schweizerischen La Chaux-de-Fonds angesiedelte Unternehmen La Semeuse mit dem Kaffeegeschäft rein gar nichts zu tun, sondern war seit seiner Gründung im Jahr 1900 im Erdnussöl-Handel aktiv. Dies änderte sich erst, als der aus dem Elsass stammende La-Semeuse-Chef Marc Bloch 1916 im Ersten Weltkrieg für Frankreich fiel und seine Witwe Hortense die Unternehmensleitung übernahm. Die junge Frau erwies sich als ausgesprochen geschäftstüchtig und setzte mit der Erweiterung des Betriebs durch eine Kaffeerösterei auf Diversifikation. Nach den schwierigen Jahren des Zweiten Weltkriegs entschied sich ihr Sohn Jean, das Ölgeschäft ganz aufzugeben und sich auf den Kaffeesektor zu konzentrieren. Ab 1982 leitete Marc Bloch, Enkel des gleichnamigen Firmengründers, die Geschicke von La Semeuse, um das Unternehmen 2015 der Neuenburger Familie Bihler anzuvertrauen, der die Gruppe Choco Diffusion sowie verschiedene andere Marken gehören.

In Sachen Kaffee setzt man bei La Semeuse auf Blends, die nach exklusiven hauseigenen Rezepturen zusammengestellt werden, um sie dann schonend und langsam zu rösten. Damit dies gelingt, hat man für jede Sorte ein spezifisches Röstprofil entwickelt, das für eine optimale Entfaltung der Aromen sorgt. In der größten Röstmaschine des Unternehmens mit einem Fassungsvermögen von 100 bis 250 Kilogramm dauert der Röstvorgang bei „voller Ladung“ 12 bis 14 Minuten und erreicht dabei Temperaturen von maximal 213 °C. Die nachfolgende Kühlung der Bohnen erfolgt ohne Wasserzusatz an der Neuenburger Bergluft. Auf diese Weise werden bei La Semeuse jährlich rund 1000 Tonnen Rohkaffee geröstet.

Neben einer Vielzahl von wohlkomponierten Kaffeemischungen wie

dem sehr beliebten, zu 100 Prozent aus feinsten Hochland-Arabicas bestehenden MOCCA SURFIN umfasst das Angebot von La Semeuse ein halbes Dutzend Pure Origins, darunter zum Beispiel mit dem INDIA MALABAR einen komplexen indischen Monsun-Kaffee mit holzigen Aromen und herrlichen Gewürznoten sowie Anklängen von Bourbon-Vanille, Kardamom und Zimt. Die Range ATELIER DU CAFÉ schließlich bietet exklusive Blends, in denen sich die besten Kaffeearomen der Welt vereinen.

LA TAZZA D'ORO

CAGLIARI · ITALIEN

Hinter dem vielversprechenden Namen La Tazza d'oro – die goldene Tasse – verbirgt sich die größte Rösterei der italienischen Insel Sardinien. Den Grundstein für das heute international agierende Unternehmen legten 1938 Giuseppe und Carmela Murgia mit einem kleinen Ladengeschäft in der Inselhauptstadt Cagliari. Ihre Leidenschaft für besten Kaffee, hergestellt aus den edelsten Rohkaffees der Welt, lebt bis heute in der Philosophie von La Tazza d'oro fort. Seit den 1970er-Jahren werden die Espressoblends der italienischen Traditionsmarke in neuen Produktionshallen hergestellt, doch der Qualität ihrer Produkte hat das keinen Abbruch getan. Und das wissen inzwischen Kunden in 20 Ländern weltweit zu schätzen, unter anderem in Frankreich, Japan, Kuwait oder den USA. Seit einigen Jahren ist das Unternehmen zusätzlich mit der neu entwickelten Espressomarke Karalis, deren Name auf die phönizische Bezeichnung der Inselhauptstadt Cagliari zurückgeht, am internationalen Markt vertreten.

Für beide Marken erfolgt die Röstung der sorgfältig ausgewählten Rohkaffees getrennt nach Herkunft und Sorte, um den Röstprozess optimal auf die Anforderungen der unterschiedlichen Kaffeesorten ab-

zustimmen. Technologie der Wahl ist dabei ein beheizter Trommelröster, und je nach Bohne dauert die Röstung bei maximal 230 °C zwischen 15 und 20 Minuten. Auch bei La Tazza d'oro hat selbstverständlich längst das digitale Zeitalter Einzug gehalten, und der Röstprozess wird über vollautomatische Computerprogramme gesteuert. Aber wie eh wacht auch ein Röstmeister mit professionellem Blick über den Röstprozess. Erst nach dessen Ende werden die verschiedenen Blends aus erstklassigen Arabicas und besten Robustas zusammengestellt. Erlesene mittelamerikanische Arabicas verleihen etwa der Bar-Mischung La Tazza d'oro Gran Miscela ihren wunderbar leichten und doch vollmundigen Geschmack, während der aus Indien stammende Robusta für eine üppige, feinporige Crema sorgt.

LAVAZZA

TURIN · ITALIEN

Wie so viele andere Röstereien war auch Lavazza bei seiner Gründung 1895 in Turin zunächst ein kleines Lebensmittelgeschäft, dessen Inhaber – in diesem Fall der Turiner Luigi Lavazza – auch Kaffees im Angebot hatte und sich mit Leidenschaft der Mischung eigener Blends widmete. Nach dem Ersten Weltkrieg wurde 1927 aus dem Lebensmittelladen ein kleines Familienunternehmen, und der Lavazza-Kaffee eroberte dank der wachsenden Fahrzeugflotte der Gesellschaft nach und nach die gesamte Provinz Turin. Auch die schweren Zeiten des Zweiten Weltkriegs überstand die Firma. 1947 entwickelte das Mailänder Aerostudio Borghi das erste Lavazza-Logo, auf dem auch das aktuelle Signet beruht, und Lavazza wuchs stetig weiter.

Mit der zweiten Kaffeewelle in den 1990er-Jahren, als Espresso, Cappuccino & Co. ihren Siegeszug endgültig auch über die Grenzen Italiens hinaus antraten, war die internationale Verbreitung der Marke Lavazza nicht mehr aufzuhalten. Seit 2015 schließlich bewegt Lavazza sich in gänzlich abgehobenen Sphären: Am 3. Mai um 12.44 Uhr GMT trank die italienische Astronautin Samantha Cristoforetti als erster Mensch überhaupt einen original italienischen Espresso – natürlich der Marke Lavazza – im All,

Die neue Lavazza-Zentrale in Turin

zubereitet mit der ISSpresso, dem ersten Kapsel-Espressosystem für den Weltraum, entwickelt von Lavazza und Argotec, einem italienischen Spezialisten für Weltraumtechnik.

Eingekauft wird der Rohkaffee bei Lavazza nach Kontrolle durch die Lavazza-Experten, die nach strengsten Qualitätsvorschriften arbeiten. Bei der Verkostung erfolgt eine genaue geschmackliche Verortung der Bohnen, um ihre Eignung für die bekannten Lavazza-Mischungen zu überprüfen. In den diversen Röstereien werden sie dann in Konvektionsöfen in heißer Luft gleichmäßig und schonend auf den gewünschten Grad geröstet. Vor der eigentlichen Produktion wird immer eine kleine Menge Kaffee probeweise geröstet, um die verschiedenen Parameter optimal auf die spezifischen Eigenschaften der Mischung abzustimmen.

Inzwischen umfasst das Lavazza-Angebot eine Vielzahl von Kaffeemischungen für jeden Geschmack. Besonders beliebt bei den Freunden und Freundinnen des italienischen Kaffeegenusses hierzulande sind zum Beispiel der für seinen runden Körper und seine Milde bekannte Caffè Crema Classico oder der Espresso Perfetto mit seinem klassisch dunklen Geschmacksprofil.

LUCAFFÉ

CARPENEDOLO · ITALIEN

Die Geschichte der Marke Lucaffé begann 1996 in Padenghe sul Garda am schönen Gardasee. Dort produzierte Gian Luca Venturelli in seiner Kaffeerösterei zunächst vor allem Kaffee für die zunehmend an Boden gewinnende Pad-Technologie – und hatte so viel Erfolg mit seiner Geschäftsidee, dass er bald eine neue, größere Produktionsstätte in Carpenedolo errichten musste.

Inzwischen verfügt das Unternehmen über ein umfangreiches Sortiment, das weit mehr umfasst als nur Kaffee-Pads, die besonders in Büros und ähnlichen Institutionen geschätzt werden. Eines gilt aber für alle Lucaffé-Sorten: Die Bohnen werden sämtlich von Firmengründer Venturelli persönlich ausgewählt. Er verkostet die Proben, die bei ihm in Italien eingehen, und reist häufig in die Erzeugerländer. Auch die Organisation des Transportes ist bei Lucaffé Chefsache, genauso die Komposition der verschiedenen Blends. Geröstet wird schonend und unter Berücksichtigung der spezifischen Eigenschaften der verschiedenen Kaffees. Um auch bei den gemahlenen Produkten bestmögliche Qualität zu garantieren, setzt das Unternehmen auf aktuelle Spitzentechnologie und mahlt bei möglichst niedrigen Temperaturen unter Ausschluss von Sauerstoff.

Besonders beliebt bei den Lucaffé-Trinkern sind der EXQUISITE, eine feine Röstung mit 90 Prozent Arabica-Anteil, die mit ihrer Weichheit und Milde besticht, der CLASSICO, ein fein-würziger Allrounder mit 80 Prozent Arabica, der als Espresso ebenso schmeckt wie im Latte macchiato, der harmonische MAMMA LUCIA „mit Gelinggarantie“ und herrlicher Crema und nicht zuletzt der 100-prozentige Arabica-Genuss MR. EXCLUSIVE, dunkel geröstet, kräftig und intensiv, mit Aromen von Karamell und Schokolade – alle vier zu haben in Bohnenform, gemahlen und als Pad. Das gesamte Angebot von Lucaffé findet sich unter www.lucaffe-shop.de.

100% arabica
Mister exclusive
Lucaffé
250 g e (8.8 oz)
Lucaffé.
250 g e (8.8 oz)
Lucaffé.
e vivi la vita
vivi la vita

MALONGO

CARROS · FRANKREICH

Die Wurzeln dieser hochwertigen französischen Kaffeemarke liegen im Nizza der 1930er-Jahre. Seinerzeit trafen sich dort viele Kaffeeliebhaber in einer kleinen Bar namens „Malongo", um ihren heißgeliebten Kaffee zu trinken. Heute ist die Marke bei unseren Nachbarn westlich des Rheins Marktführer für hochwertigen Kaffee. Weiterhin war das Unternehmen vor über 20 Jahren eines der ersten in Frankreich, die auf biologische Landwirtschaft und fairen Handel setzten. Heute trägt über die Hälfte des Sortiments ein Bio- und Fairtrade-Siegel, und Malongo fühlt sich in seiner Unternehmensphilosophie dem Nachhaltigkeitsgedanken verpflichtet.

Seine Rohkaffees bezieht Malongo bevorzugt von kleinen landwirtschaftlichen Betrieben, die ihre Pflanzen in hochgelegenen, schattigen Plantagen kultivieren und die Kaffeekirschen von Hand pflücken, damit tatsächlich nur reife Früchte ins Erntegut gelangen. Nach seiner Ankunft im Malongo-Lager wird der aufbereitete Kaffee geprüft und verkostet. Dann wandern die Bohnen bis zur Röstung in die Kaffeesilos des Unternehmens. Geröstet wird nach einem traditionellen, 20 Minuten dauernden Verfahren unter Aufsicht des Röstmeisters, danach kühlt der Kaffee an der Luft ab, sodass sein Feuchtigkeitsgehalt im Anschluss bei zwei Prozent liegt. Um die Frische der Bohnen garantiert zu erhalten, werden die Malongo-Kaffees im nächsten Arbeitsschritt ausnahmslos vakuumverpackt.

Wer in Deutschland von der beliebten französischen Marke kosten will, ist im Wesentlichen auf den Onlinehandel und dort vor allem auf österreichische Quellen angewiesen. Oder reist nach Berlin, um in den Galeries Lafayette einzukaufen. Besonders beliebt aus dem großen Malongo-Sortiment sind die Bohnen der Sorte Des Petits Producteurs.

L'ORIGINAL, ein – wie das Unternehmen wirbt – „großer Kaffee von kleinen Produzenten“: 100 Prozent Arabica, Bio-zertifiziert und mit Fairtrade-Siegel, fruchtig, mit Noten von Leder und Unterholz. Als Star unter den Gemahlenen gilt der vollmundig-raffinierte MOKA D'ÉTHIOPIE, der mild ist und wild, dazu aromatisch und mit dezenter Säure.

MOCAMBO

RADEVORMWALD · DEUTSCHLAND

Ganz in italienischer *caffè*-Tradition produziert das seit 1985 bestehende Unternehmen Drago Mocambo seine Kaffeespezialitäten – das allerdings im nordrhein-westfälischen Radevormwald. Dort wagte Giuseppe Drago in einem kleinen Raum von kaum zwanzig Quadratmetern mit der Unterstützung seiner Familie die ersten Schritte ins Kaffeegeschäft, und bis heute liegen die Geschicke des Unternehmens in Händen seiner Nachkommen. Sie legen wie der Firmengründer großen Wert auf persönliche, auf Vertrauen basierende Geschäftsbeziehungen. Bereits beim Einkauf der kostbaren Bohnen setzen die Mitarbeiter auf den direkten Kontakt zu den Produzenten in Brasilien, Indien und Afrika, die sie schon bei Ernte und Aufbereitung der Kaffeekirschen unterstützen. Für sie sind eine von Fairness geprägte Geschäftsbeziehung und nachhaltige Preise Garant für die Qualität der Rohkaffees, die in Deutschland in der Rösterei landen. Dort setzt man auf höchste technische Standards – und die Erfahrung der Röstmeister, die den gesamten Prozess der bei Mocambo üblichen Langzeitröstung im Trommelröster mit Sachverstand und Fingerspitzengefühl begleiten. Sie tragen Sorge dafür, dass die hochwertigen Mocambo-Blends für die Espresso- und Kaffeezubereitung stets von gewohnter Qualität sind.

Dank der schonenden Röstung sind die Kaffeemischungen im Mocambo-Sortiment allesamt säurearm und sehr bekömmlich, ohne es an Aroma fehlen zu lassen. Bestseller ist der an seiner silbernen Verpackung erkennbare Mocambo Brasilia, der mit seinem Robusta-Anteil von 40 Prozent über eine kompakte Crema verfügt und mit einem kräftigen Aroma und vollmundigen Geschmack besonders Espressofreunde überzeugt. Jüngstes Mitglied der Mocambo-Familie ist die fruchtige Fairtrade-Mischung Aroma mit mittlerem Körper, ausgeprägter Säure und geringer Bitterkeit.

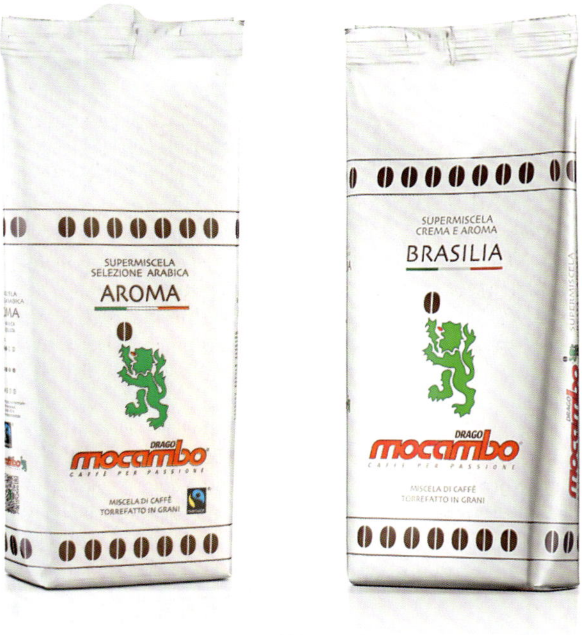

MURNAUER KAFFEERÖSTEREI

MURNAU · DEUTSCHLAND

Gründer der Murnauer Kaffeerösterei ist Thomas Eckel, Betriebswirt, Absolvent des Wiener Instituts für Kaffee-Experten und als solcher Chef-Diplom-Kaffeesommelier. Doch damit nicht genug: Er hat als erster Deutscher erfolgreich das Q-Grader-Programm des Coffee Quality Institutes absolviert, das als international beste Kaffee-Sensorik-Ausbildung gilt. Nach einem anspruchsvollen Trainingsprogramm legen die Teilnehmer insgesamt 20 Prüfungen ab, in denen sie unter Beweis stellen, dass sie Kaffee sensorisch beurteilen und Fehler im Rohkaffee identifizieren können. Als Q-Grader saß Eckel seit 2010 mehrfach in der Jury des Wettbewerbs „Cup of Excellence", der als „Oscar-Verleihung der Kaffeewelt" gilt.

Damit ist bei der Auswahl der Rohkaffees für die Murnauer Rösterei ein hoch qualifizierter Fachmann am Werk, der genau weiß, was er will: Handgepflückt sollen die edlen Boh-

nen sein, damit keine verfaulten oder unreifen Kirschen das Erntegut verderben. Außerdem ist ihm wichtig, dass der Kaffee nach der Aufbereitung noch einmal handverlesen wird, damit nur beste Qualität in seiner Rösterei landet.

Doch nicht nur an die Bohnen hat Eckel höchste Ansprüche, sondern auch an den Röstvorgang, den er im Laufe der Jahre immer weiter verfeinert hat. Bei ihm hat jede Bohne ein eigenes Röstprofil, sodass die Aromen optimal zum Vorschein kommen. Geröstet wird langsam, schonend und in kleinen Chargen, um eine gleichmäßige Röstung zu garantieren. Danach kühlen die Bohnen an der frischen Alpenluft ab und werden noch einmal per Hand verlesen.

Das Sortiment der bayrischen Rösterei umfasst Spezialitätenkaffees aus Afrika, Asien und Amerika, Espressos sind ebenso im Angebot wie Kaffees, dazu noch Besonderheiten wie entkoffeinierter Kaffee oder Preisträger des Cup-of-Excellence-Wettbewerbs. Auf der Website finden sich zu jedem einzelnen Kaffee umfangreiche Informationen zu Geschmack, Plantage, Herkunftsland und die wichtigsten Daten in Kurzform – lehrreich, unterhaltsam und eine gute Entscheidungshilfe.

Eine feine Nase für perfekte Bohnen: Beatrice Rast

RAST KAFFEE

EBIKON · SCHWEIZ

Den Grundstein für das traditionsreiche Familienunternehmen legten 1918 die Eheleute Xaver und Anna Rast-Abt mit der Eröffnung eines Lebensmittelgeschäfts im schweizerischen Meggen bei Luzern. Schon bald war ihr Kaffee, der seinerzeit noch außer Haus geröstet wurde, in aller Munde. So war es nur folgerichtig, dass ihr Sohn Xaver 1946 selbst eine Rösterei gründete. Dazu übernahm er 1948 gemeinsam mit seiner Frau Lisbeth das Lebensmittelgeschäft der Eltern und expandierte 1953 nach Luzern, wo auch die Kafferösterei in den neuen Geschäftsräumen Platz fand. 1978 übernahmen dann Markus und Trudy Rast das Geschäft, und ab 1996 bestimmte ein neues Kaffeekonzept die Unternehmensstrategie, das 2005 schließlich zur Aufgabe des Detailhandelsgeschäftes und zur Umbenennung der Rast Lebensmittel AG in Rast Kaffee AG führte. Seit 2016 lenken in vierter Generation Evelyne und Beatrice Rast sowie deren Ehemann Adrian Gisler die Geschicke des Unternehmens, das nach wie vor zu 100 Prozent in Familienbesitz ist.

Das Sortiment von Rast Kaffee umfasst knapp 50 sortenreine Ursprungs- und Plantagenkaffees aus den besten Kaffeeanbaugebieten der Welt sowie diverse Espresso- und Kaffeemischungen. Die Unternehmerfamilie pflegt langjährige Beziehungen zu ihren Produzenten, und es stehen regelmäßig Reisen in die Ursprungsländer ihrer Rohkaffees auf dem Programm. In die Spezialitätenkaffees wandern ausschließlich sorgfältig geerntete und handverlesene Bohnen mit einem perfekten Reifegrad. Geröstet wird auf Probat-Trommelröstern, und das Röstprofil wird stets individuell auf die spezifischen Charakteristika der einzelnen Kaffeesorten abgestimmt. Dabei wird zwischen der sehr hellen Filterkaffeeröstung, der mittleren Café-Crème-Röstung und der dunklen Espressoröstung unterschieden. Und wer nicht weiß, für welche Zubereitungsart er sich bei seinem Spezialitätenkaffee von Rast entscheiden soll, der schaut auf die Website (www.rast.ch) des Unternehmens: Dort finden sich im Shop neben diversen Informationen zum gewählten Kaffee auch Angaben zur Röstung und deren Eignung für die verschiedenen Zubereitungen.

Kaffeerösten als hochqualitatives Handwerk: Adrian Gisler

ROESTBAR

MÜNSTER · DEUTSCHLAND

Die Roestbar in Münster bereichert die deutsche Kaffeelandschaft schon seit 2003 und zählt damit zu den Pionieren der dritten Kaffeewelle. Geführt wird das Unternehmen, das aus einer Rösterei, fünf Kaffeehäusern und einer Kaffeeschule besteht, von Sandra Götting und Mario Joka, deren ganze Leidenschaft anspruchsvollen Spezialitätenkaffees gilt. Darum sind die beiden auch regelmäßig unterwegs, um im Kaffeegürtel entlang des Äquators die besten Rohkaffees aufzuspüren. Sie legen großen Wert auf eine langfristige Beziehung zu den Produzenten sowie einen nachhaltigen Anbau der kostbaren Bohnen. Dass Qualität ihren Preis hat, ist für sie eine Selbstverständlichkeit. Darum sind sie auch bereit, für die Kaffees, die sie später in ihrer eigenen Rösterei veredeln werden, deutlich mehr zu zahlen, als es im Massenmarkt üblich ist.

Ihre Probat-Röstanlage bildet das Herzstück des Unternehmens und ist mit einer Software ausgestattet, die jeden Röstgang aufzeichnet und archiviert. So kann der Röster den Prozess jederzeit nachvollziehen und die für die verschiedenen Rohkaffees

In der Roestbar im Bohlweg kann man in schönem Ambiente direkt neben der Kaffeerösterei in Ruhe Kaffee trinken und Kuchen essen.

hinterlegten Röstprofile bei eventuellen Abweichungen entsprechend anpassen. Geröstet wird je nach Füllmenge und Rohkaffee sowie Kaffeesorte und Zubereitungsart 12 bis 18 Minuten. Die hauseigenen Blends werden erst nach der Röstung zusammengestellt, damit jeder einzelne Rohkaffee optimal geröstet werden kann. Aus der Roestbar gehen jährlich rund 45 Tonnen Kaffee an Gastronomiebetriebe und Firmenkunden, außerdem natürlich in die unternehmenseigenen Kaffeehäuser. Besonders beliebt sind der für Brühkaffee empfohlene Blend Münsters Mischung mit Aromen von Kakao, Nuss und Karamell, in dem sich Bohnen aus Äthiopien, Indonesien und Brasilien vermählen, sowie der hauseigene Espresso Roestbar Mischung, der sowohl pur als auch in Kombination mit aufgeschäumter Milch eine gute Figur macht.

SAMOCCA

AALEN · DEUTSCHLAND

Bei diesem Röster ist der Name Programm, enthält er doch neben der orientalischen Kaffeespezialität die Anfangsbuchstaben der Samariterstiftung. Und die ist Initiator des SAMOCCA-Projekts, mit dem im Sinne der beruflichen Rehabilitation und Integration zahlreiche neue Arbeitsbereiche für Menschen mit Handicaps geschaffen werden. Neben den hauptamtlichen SAMOCCA-Mitarbeitern sind in allen zurzeit 17 Filialen Menschen mit geistiger Behinderung und psychischer Erkrankung beschäftigt, die in den verschiedenen Arbeitsbereichen der SAMOCCA-Cafés im Rahmen ihrer Möglichkeiten selbstständig mitarbeiten.

Die Kaffees des Aalener Stammhauses können über die Online-Plattform von SAMOCCA bestellt werden. Gegenwärtig umfasst das Sortiment rund ein Dutzend Spezialitätenkaffees aus aller Welt sowie eine Handvoll hauseigene Mischungen. Der beliebte Hauskaffee GOURMET SAMOCCA überzeugt mit einer feinherben, spritzigen Note und dezentem Mokkaaroma, der rassige ESPRESSO ARMONICO beeindruckt mit einem kräftigen Körper und einem ausgewogenen, fruchtig-süßen Aroma – beide Mischungen wurden 2015 mit der Goldmedaille der Deutschen Röstergilde ausgezeichnet.

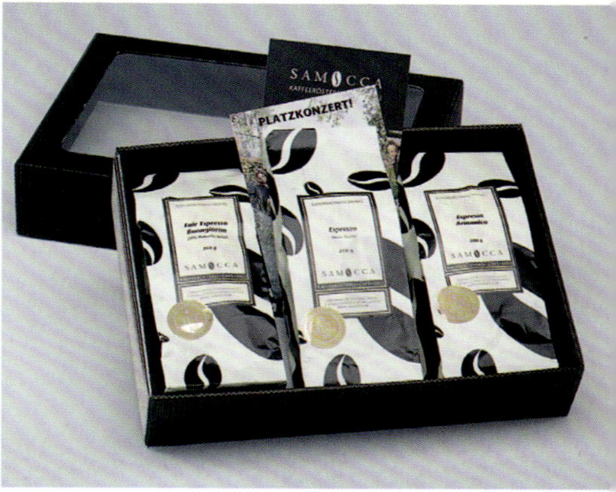

Bemerkenswert ist auch der exklusive SI Gourmet-Café SPECIAL RUANDA. Von jedem verkauften Kilo des vielschichtigen Arabica-Spitzenkaffees gehen 50 Cent an Soroptimist International (SI), die weltweit größte Organisation berufstätiger Frauen, die sich insbesondere für die Verbesserung der Lebensbedingungen von Frauen und Kindern einsetzt. Auf der Sake Coffee Plantation in Ruanda, der Heimat der exklusiven Bohne, sorgt SI-Mitglied und Geschäftsführerin Laetitia Kayitesire für die Verwirklichung dieser Ziele: Über 70 Prozent der bis zu 120 fair entlohnten Arbeitsplätze sind mit Frauen besetzt. Den Kontakt zu der erfolgreichen afrikanischen Kaffeeunternehmerin konnte die Kaffeehausleiterin der Aalener SAMOCCA-Filiale, Sabin Lehmann, die bei SI Deutschland aktiv ist, dank des internationalen Netzwerks der Organisation herstellen.

SANT'EUSTACHIO

ROM · ITALIEN

Die Geschichte dieser kleinen römischen Rösterei nahm Ende der 1930er-Jahre mit einem Café namens „Sant'Eustachio Il Caffè" unweit der berühmten Piazza Navona ihren Anfang. Das Lokal gibt es immer noch, und die Inneneinrichtung und der Mosaikfußboden sind bis heute unverändert. Markenzeichen der Bar und ihrer Kaffeespezialitäten ist ein Hirsch, der zwischen seinem Geweih ein Kreuz trägt und an die Bekehrung des Namenspatrons zum Christentum erinnert. Heute gehört die Rösterei mit Café den Brüdern Raimondo und Roberto Ricci, die sich der Tradition des Unternehmens verpflichtet fühlen und gleichzeitig neuen Wegen aufgeschlossen sind.

Die Veredelung der Rohkaffees, bei denen es sich ausschließlich um Arabicas handelt, erfolgt wie eh und je in einem mit Holz befeuerten Röster aus

dem Jahr 1948, und die Besucher des Cafés können den Röstmeistern bei der Arbeit zusehen. Bei der Auswahl der Bohnen legen die Brüder nicht nur Wert auf einwandfreie Qualität, sondern auch darauf, dass ihr Kaffee fair gehandelt wird. Darum beziehen sie ihren Rohstoff über gemeinnützige Organisationen wie etwa die 1988 gegründete italienische Fairtrade-Organisation Altromercato.

Für die harmonische Komposition des Hausblends werden die eintreffenden Rohkaffees zunächst separat geröstet und probiert, um ihre spezifischen Aromen und Eigenschaften genau zu ermitteln. Erst dann erfolgt die Zusammenstellung der verschiedenen Rohkaffees zur bewährten Hausmischung. Den Kaffee von Sant'Eustachio gibt es als ganze Bohne sowie in verschiedenen Mahlgraden. Der MOKA ist für die Zubereitung mit der Espressokanne gedacht, und der ESPRESSO eignet sich mit seiner besonders feinen Mahlung perfekt für die klassische Siebträgermaschine. Daneben gibt es den Sant'Eustachio-Blend auch für die Zubereitung per Filter sowie in koffeinfreier Version.

SCHAMONG KAFFEE

KÖLN · DEUTSCHLAND

Das erste Geschäft der Kölner Traditionsrösterei eröffnete bereits vier Jahr nach Kriegsende 1949 seine Pforten, damals noch als Filiale einer Rösterei aus der Kölner Südstadt. Ab 1960 führte Josef Schamong das Geschäft dann in eigener Regie und gründete die Marke Schamong. Mit seinen Kaffees eroberte der Kölner bald auch die Herzen von Kaffeetrinkern jenseits der Stadtgrenzen und legte damit den Grundstein für den überregionalen Erfolg der Rösterei. Nach 35 Jahren übergab Josef Schamong die Unternehmensleitung 1995 an seinen ältesten Sohn, Fred Schamong, der 2008 wiederum von der dritten Schamong-Generation abgelöst wurde.

Der noch aus den Anfangsjahren stammende Trommelröster hat inzwischen eine Heimat in den 2011

bezogenen neuen Räumlichkeiten der Rösterei gefunden. Dort werden Bohnen aus Süd- und Zentralamerika, Afrika sowie Asien nach bester Handwerkstradition langsam und schonend veredelt. Diesem Verfahren ist es zu verdanken, dass die zahlreichen Kaffeearomen sich optimal entfalten, während unerwünschte Säuren verschwinden. Dabei werden die verschiedenen Rohkaffeesorten stets einzeln geröstet, um das Röstprofil individuell auf ihre spezifischen geschmacklichen Eigenschaften abzustimmen. Zu guter Letzt werden die Kaffees nach dem Rösten noch einmal von Hand verlesen, bevor sie in den Verkauf gelangen.

Inzwischen ein echter Klassiker im Espressosortiment von Schamong ist der besonders für die Zubereitung in der Espressokanne geeignete COLONIESE in hellerer Röstung, der aus Arabica-Varietäten aus Kolumbien, Brasilien und Nicaragua besteht. Daneben bereichern diverse Kaffeeblends das Schamong-Programm, so etwa als Hausmischung der harmonische, würzige EHRENFELD SPEZIAL mit feinen Lakritznoten oder die KÖLNER MELANGE, die dank der schonenden Röstung sehr säurearm und dabei von kräftigem, rassigem Aroma ist. Ergänzt wird das Angebot durch rund ein Dutzend sortenreine Kaffees aus Afrika, Asien und Mittel- und Südamerika sowie eine kleine Auswahl Schonkaffees mit und ohne Koffein.

SCHREYÖGG

PARTSCHINS · ITALIEN

Begonnen hat die Erfolgsgeschichte der Südtiroler Rösterei Schreyögg 1890 mit der Gründung eines Delikatessengeschäftes mit Kolonialwaren und Kaffees auf dem Meraner Kornplatz. Dort nahm Gründervater Josef Schreyögg 1905 auch die erste elektrisch betriebene Kaffeeröstanlage in Betrieb. Nach dessen Tod 1915 führten seine Kinder die inzwischen zwei Geschäfte weiter. Nach der Zäsur des Zweiten Weltkriegs ging die Unternehmensverantwortung dann in die Hände seines Sohnes Josef Paul über, der die Geschäfte erfolgreich wiederbelebte. Angesichts der wachsenden Touristenströme in den 1960er-Jahren nahm er eine größere Röstmaschine in Betrieb, um die steigende Nachfrage des Hotel- und Gaststättensektors befriedigen zu können. Seit den 1970er-Jahren schließlich konzentrierte sich Schreyögg dann vollständig auf die Kaffeerösterei. Nach dem Tod des Vaters Josef Paul übernahm Peter Schreyögg 1981 das Familienunternehmen.

Peter und Stefan Schreyögg

Das Herzstück des Schreyögg-Sortiments bilden hochwertige Espressi, ergänzt durch Filterkaffeemischungen, Bio-Kaffeespezialitäten, entkoffeinierten Espresso und schließlich Automatenkaffee. So vielseitig die Auswahl, so konsequent verfolgt man bei Schreyögg das Konzept der sorten-

reinen Langzeitröstung. Das bedeutet, dass die Arabicas und Robustas aus den Lagerhäusern des Unternehmens vor der Verblendung einzeln geröstet werden, damit sich die individuellen Eigenschaften der verschiedenen Sorten dank der spezifischen Röstprofile optimal entfalten können. Geröstet wird im Trommelröster bei Temperaturen von maximal 230 °C, und das um die 15 Minuten lang. Aus den gerösteten Kaffees werden dann nach hauseigenen Rezepturen die Blends gemischt, die vor der Verpackung automatisch optisch sortiert werden, um konstant die Qualität der Produkte sicherstellen zu können.

Die Kaffeerösterei Schreyögg ist übrigens das erste und bis dato einzige Südtiroler Mitglied im Istituto Nazionale Espresso Italiano, das den echten und reinen Espressokaffee schützt und fördert. Insgesamt tragen vier Kaffeemischungen der Kaffeerösterei Schreyögg das Qualitätssiegel „Espresso Italiano“, darunter der erlesene 100% Arabica Bio und der Fairtrade-Espresso Aurum mit mildem Geschmack und fruchtigen Noten. Diese Sorten sind, ebenso wie der fair gehandelte, ausgewogene und milde Caffè Crema Poeta, Ausdruck der Engagements der Rösterei für Nachhaltigkeit im Kaffeesektor.

SCHWARZWILD

FREIBURG · DEUTSCHLAND

Seit 2011 bereichert die Diplom-Betriebswirtin, Barista und Coffeologin Andrea Jauch mit ihrer Privatrösterei Schwarzwild die Freiburger Kaffeelandschaft, und auch jenseits der Grenzen des Breisgaus eilt ihr guter Ruf ihr längst voraus. Der eigenwillige Unternehmensname lässt nicht nur Jauchs Liebe zum Schwarzwald anklingen, sondern verweist auch auf die wilden Kaffeebohnen, die ihre Spezialitätenkaffees so aromatisch machen. Bei deren Auswahl legt sie größten Wert auf eine nachhaltige und sozial verträgliche Produktion. So arbeitet sie mit Importeuren zusammen, die ihre Rohkaffees bis zur Plantage zurückverfolgen können, und kauft mit Vorliebe kleine Erntemengen familiengeführter Farmen, die Ausdruck ihres spezifischen Terroirs sind und Sorte, Jahrgang und Aufbereitung schmecken lassen.

Chefin an den Röstmaschinen von Schwarzwild ist Andrea Jauch persönlich. Ihr Handwerk hat sie bei Meisterröstern in der Schweiz und im Saarland gelernt, den theoretischen Hintergrund lieferte ihr der berufsbegleitende Kaffeestudiengang „The Science and Art of Coffee" an der Zürcher Hochschule für Angewandte Wissenschaften. Jauch röstet mit zwei Maschinen, und das je nach Bedarf mehrmals die Woche. Dann wacht sie mit Argusaugen über den rund 20 Minuten dauernden Röstvorgang, bei dem die Bohnen bei knapp 200 °C auf einen optimalen Röstgrad gebracht werden. Das Schwarzwild-Sortiment umfasst sortenreine Kaffees und Raritäten sowie diverse Espresso- und Kaffeemischungen. Eine echte Ausnahmeerscheinung in der Range der Privatrösterei ist wohl der zu 100 Prozent aus Robusta bestehende Indian Palthope Estate, der mit einem ausgeprägten Körper und einer wunderschönen Crema daherkommt. Er schmeckt pur als Espresso, ist aber auch im Cappuccino oder Espresso macchiato ein Gewinn und überzeugt mit Anklängen von Cognac, Bitterschokolade und Nougat.

SEGAFREDO

TREVISO · ITALIEN

Segafredo Zanetti gehört zur Massimo Zanetti Beverage Group. Das Unternehmen begreift sich als Botschafter des „vero espresso italiano“, des echten italienischen Espressos, und ist sowohl in seiner italienischen Heimat als auch in Europa führender Espressolieferant der Gastronomie. Weltweit werden nach Angaben des Konzerns täglich 50 Millionen Tassen Segafredo getrunken – eine eindrucksvolle Erfolgsgeschichte, wenn man bedenkt, dass das Unternehmen erst seit 1973 besteht, als Massimo Zanetti den italienischen Röster Segafredo aufkaufte und sein Unternehmen Segafredo Zanetti gründete. Im ersten Geschäftsjahr verkaufte Zanetti nach eigenen Angaben rund eine Tonne Kaffee, heute verarbeitet die Massimo Zanetti Beverage Group 120.000 Tonnen Kaffee jährlich. Die Gastronomie – und damit die wahre Heimat der Espressokultur – war von Beginn der anvisierte Markt des Unternehmens, zuerst in Italien, dann auch auf internationaler Ebene.

Ihre Sonderstellung verdankt die Gruppe wohl nicht zuletzt der im Kaffeesektor bis dato einzigartigen Tatsache, dass der gesamte Produktionszyklus in den Konzern integriert ist: Mit der Kauai Coffee Company

gehört ihm Hawaiis größte Kaffeeplantage mit rund vier Millionen Pflanzen. Damit produziert die Gruppe rund die Hälfte der in den USA kultivierten Arabica-Bohnen. Weiterhin verfügt das Unternehmen über diverse Röstereien, die den erlesenen Rohkaffee in einem streng gehüteten venezianischen Verfahren veredeln und mischen. Das Tochterunternehmen La San Marco wiederum stellt hochwertige Espressomaschinen her, mit welchen aus dem gerösteten Kaffee die bekannten italienischen Caffè-Spezialitäten zubereitet werden.

Bekannt ist die Marke außerdem wegen der zahlreichen Segafredo-Franchise-Bars in aller Welt. In Deutschland, wo die 1990 gegründete Konzerntochter Segafredo Deutschland GmbH das Kaffeegeschäft von München aus betreibt, ist Segafredo Zanetti führender Anbieter von Espressobar-Konzepten, und etwa 50 Mitarbeiter kümmern sich um die rund 5000 Gastronomiekunden. Wer seinen Segafredo trotz allem lieber zu Hause trinkt, hat bei den ganzen Bohnen die Wahl zwischen 17 Kaffeesorten, die allesamt für die Espressomaschine, das heißt Vollautomat oder Siebträgermaschine mit Mühle, geeignet sind. Als echter Allrounder kommt hier der samtige SELEZIONE CREMA daher, der dank seiner milden Röstung die ideale Basis für alle typisch italienischen Caffè-Spezialitäten bildet. Wer keine Kaffeemühle hat, greift alternativ zu einem der sieben Mahlkaffees.

SOLINO

HAMBURG · DEUTSCHLAND

Hinter Solino, der ersten Kaffeemarke, die vom Anbau bis zur Endverpackung im Herkunftsland produziert wird, steht der Unternehmer Felix Ahlers, vor allem bekannt als Kopf des Familienunternehmens Frosta, das für Tiefkühlkost ohne Zusatzstoffe steht. Ziel seiner 2008 gegründeten Kaffeefirma Solino ist „Handel statt Entwicklungshilfe". Nur wenn die gesamte Produktionskette im Herkunftsland – im Falle von Solino ist das Äthiopien – verbleibt, so Ahlers' Gedanke, ist eine echte Teilhabe am Wachstum möglich. Dass ein Projekt wie Solino überhaupt funktionieren kann, liegt nicht zuletzt daran, dass die EU 2008 den 30 Prozent hohen Schutzzoll für gerösteten Kaffee für die Afrika-Karibik-Pazifik-Staaten (AKP-Gruppe) – und damit die ärmsten Länder der Welt – aufgehoben hat. Mit der Verlagerung der gesamten Wertschöpfungskette nach Äthiopien werden Arbeitsplätze für qualifizierte Kräfte wie Kaffeeröster und Verpackungsdrucker geschaffen, und es bleiben 60 Prozent mehr Geld im Land, als wenn der grüne Rohkaffee

exportiert würde. So ist Solino in der Lage, Löhne zu zahlen, die deutlich über dem Niveau liegen, was ein Kaffeebauer normalerweise monatlich verdient.

Geröstet werden die sonnengetrockneten Hochland-Arabicas aus den berühmten Kaffeeanbaugebieten Yirgacheffe, Harar und Sidamo in zwei Betrieben in der äthiopischen Hauptstadt Addis Abeba. Ihre komplexen Aromen verdanken die Solino-Kaffees den niedrigen Rösttemperaturen sowie der langen Röstdauer im traditionellen Trommelröster. Wenn der Kaffee verpackt ist, dauert es nach Angaben von Solino maximal 10 Wochen, bis er im Supermarkt oder beim Onlinekunden landet. Der dunkel geröstete Hochland-Espresso ist aromatisch, mild und ausgesprochen säurearm, der hell geröstete Caffè Crema mit seinen für äthiopische Kaffees so typischen Fruchtsäuren schmeckt vor allem als Filterkaffee, eignet sich aber auch für die Espressozubereitung.

SPEICHERSTADT KAFFEERÖSTEREI

HAMBURG · DEUTSCHLAND

Die Hamburger Privatrösterei in dem 1888 erbauten Speicher am Hamburger Hafen bereichert die Kaffeeszene der Hansestadt seit 2006. Mit ihrer Betreibergesellschaft, der seit 1994 bestehenden Hacienda San Nicolás GmbH, verfügen die Inhaber über beste Kontakte zu den Kaffeeerzeugern in den Ursprungsländern und haben so die Möglichkeit, immer wieder neue und anspruchsvolle Kaffees zu entdecken.

Bei der Röstung verlässt man sich in der Speicherstadt-Rösterei auf ein Gerät des niederländischen Herstellers Giesen mit einer Kapazität von 6 Kilogramm sowie einen Probat-Röster mit rund 50 Kilogramm Fassungsvermögen pro Charge. Rösttemperatur, Röstdauer und Ende der Röstung werden an den Feuchtigkeitsgehalt des jeweiligen Rohkaffees sowie die spezifische Beschaffenheit der Bohnen angepasst, um optimale Ergebnisse zu erzielen. Geröstet wird übrigens nicht im stillen Kämmerlein, sondern direkt im Gastraum des an die Rösterei angeschlossenen Cafés. Je nach Erntezeit und Verfügbarkeit umfasst das Sortiment der Speicherstadt Kaffeerösterei rund 30 Kaffee- und Espressospezialitäten, dazu diverse Raritäten.

Außerdem ist das Unternehmen Mitbegründer des Orang-Utan-Projekts auf Sumatra, das dem Schutz der bedrohten Tiere und ihrer Umwelt dient. Gefördert werden Bauern, die ihre Kaffeeplantagen nachhaltig bewirtschaften und auf Rodung des Regenwaldes verzichten. Im Gegenzug erhalten sie für die Einhaltung der anspruchsvollen Orang-Utan-Anbaurichtlinien zusätzlich 0,50 € je Kilo Kaffee. Weiterhin gehen 0,50 € pro Kilo an ein Schweizer Orang-Utan-Schutzprogramm. Und wer den Orang-Utan-Kaffee oder -Espresso trinkt, hilft nicht nur den Kaffeebauern und den bedrohten Tieren, sondern darf sich auch noch über einen erstklassigen Arabica freuen, der in den Regenwäldern Sumatras unter ausgezeichneten Bedingungen gedeiht.

THE BARN

BERLIN · DEUTSCHLAND

The Barn Coffee Roasters im Berliner Prenzlauer Berg ist schon das zweite erfolgreiche Kaffeeprojekt des Inhabers Ralf Rüller in der Bundeshauptstadt. Bereits 2010 eröffnete er mit The Barn in Mitte ein Café nach dem Vorbild der minimalistischen New Yorker Kaffeehäuser, wo er seine Gäste mit Espresso- und Pour-Over-Spezialitäten verwöhnt. In den ersten Jahren bezog er seine Kaffees noch aus Röstereien in London, Oslo und Kopenhagen, wo die dritte Kaffeewelle schon früher für eine ganz neue Begeisterung für Spezialitätenkaffees gesorgt hatte als in Berlin.

Seit September 2012 bewirtet er seine Gäste nun mit hauseigenen Röstungen aus der Barn Roastery, zu der ebenfalls ein Café gehört. Dabei verlässt Rüller sich auf die Qualitäten einer über sechzig Jahre alten Röstanlage der niederrheinischen Traditionsmarke Probat, selbstverständlich vollständig überholt und mit neuester Technologie ausgestattet. Dazu gehört unter anderem eine

Software, die in allen Röstphasen über die rechte Temperatur in der Trommel wacht, denn schlecht gerösteter und verbrannter Kaffee ist Rüller ein Graus.

Auch bei der Auswahl der Arabica-Kaffees für Rösterei und Café überlässt Rüller nichts dem Zufall und setzt mit seinem Konzept auf unmittelbaren Kontakt zum Produzenten. Dahinter steht neben dem Wunsch nach fairem Handel der Gedanke, die Qualität der Kaffees im Rahmen enger Kooperationen ständig zu verbessern und den Kaffeebauern ein nachhaltiges Wirtschaften zu ermöglichen. Blends wird man im Angebot der Trendrösterei vergeblich suchen, denn jeder Kaffee soll Ausdruck seines spezifischen Terroirs sein. Auf den schlichten Verpackungen der Single Origins sind Ursprungsregion, Erzeuger und Geschmacksprofil sowie Röst- und empfohlenes Verbrauchsdatum angegeben, weitere Informationen liefert der Webshop (www.thebarn.de).

TORREFAKTUM

HAMBURG · DEUTSCHLAND

Heimat von Torrefaktum, das im Jahr 2009 seine Türen öffnete, ist der Hamburger Stadtteil Ottensen. Dort steht Matthias Afken seit 2010 täglich am Röster und verfeinert seine Kenntnisse um die Veredelung erlesener Bohnen aus der internationalen Kaffeewelt, und seit 2013 tut er dies als Mitinhaber der Mikrorösterei mit angeschlossenem Café. Mit ihm am Ruder stehen der Musikproduzent Patrick Benzner, der bei Aufenthalten im kalifornischen Venice Beach und in New York mit dem Kaffeevirus infiziert wurde, und die Sängerin und Grafikdesignerin Dörte Benzner, die verantwortlich für das optische Erscheinungsbild von Torrefaktum ist.

Die Rohkaffees, die ihren Weg in die Bio-zertifizierte Manufaktur finden, bezieht Torrefaktum entweder direkt bei den Produzenten oder von ausgesuchten Partnern. Geröstet wird täglich frisch in kleinen Chargen, und

das immer unter dem wachsamen Auge von Matthias Afken, der die Bohnen genau beobachtet und jedem Geräusch lauscht, sodass am Ende kein geschmacklicher Missklang das vielstimmige Konzert der Aromen stört. Hat der Kaffee den gewünschten Röstgrad erreicht, kühlt er auf einem Sieb an der frischen Luft aus, damit die Bohnen nicht nachbrennen, und wird zum Verkauf umweltfreundlich verpackt. Umweltfreundlich sind übrigens auch die durchsichtigen Coffee-to-go-Becher, -Deckel und -Strohhalme im Torrefaktum-Café: Sie bestehen aus Maisstärke und sind damit kompostierbar.

Das Torrefaktum-Sortiment umfasst diverse Espressospezialitäten wie den ausgewogenen Hey Dude mit einem Robusta-Anteil von 50 Prozent oder den karamellig-schokoladigen Lucky in the Sky. Ein klassischer Wachmacher ist der medium geröstete Blend Wake up little Lucy aus 80 Prozent Arabica und 20 Prozent Robusta mit ausgeprägten Nuss- und Zartbitter-Schokoladenaromen und stabiler Crema. Außerdem auf dem Programm stehen Filterkaffees von ausgesuchten Plantagen wie der Honduras Capucas oder der Papua New Guinea Kimel Peaberry sowie ausgewogene Blends, zu denen auch die „Frühstücksmischung" Good Morning Beautiful gehört.

TURM KAFFEE

SANKT GALLEN · SCHWEIZ

Die Wurzeln dieser traditionsreichen Schweizer Rösterei reichen bis in das Jahr 1761 zurück, als ein gewisser Johannes Schlatter „hinterm Turm", nämlich in der Kugelgasse zwischen Turm- und Zeughausgasse in Sankt Gallen, ein „Spezereigeschäft" eröffnete, aus dem das Unternehmen „Turm Kaffee" hervorgehen sollte. Seinerzeit trat der Kaffee seinen Siegeszug in Europa gerade erst an und war als koloniales Luxusgut im Wesentlichen gut betuchten Bevölkerungsschichten vorbehalten.

Qualität und Tradition spielten in der inzwischen über 250-jährigen Unternehmensgeschichte stets eine zentrale Rolle. Das lässt sich auch daran ablesen, dass in dieser langen Zeitspanne lediglich drei Familien die Geschicke der Rösterei, die heute der Turm Handels AG gehört, lenkten. Seit 1977 hat Turm mit der Rösterei Bogen Kaffee, die 1849 in Schaffhausen gegründet wurde, ein Schwesterunternehmen, das bis heute sein eigenes Kaffeesortiment am alten Standort röstet.

Geröstet wird bei Turm Kaffee wie vor 250 Jahren im Trommelröster, und die Röstmeister haben ein wachsames Auge auf die Qualität der angelieferten Rohkaffees: Zunächst

wird jeder einzelne Sack Bohnen sorgfältig in Augenschein genommen. Bei der anschließenden Proberöstung muss der Kaffee dann auch seine „inneren Werte“ unter Beweis stellen. Dabei geht es darum, die Eigenschaften des Kaffees zur Entfaltung zu bringen. Dazu verbringen die Bohnen rund 20 Minuten bei 200 °C in der Trommel. Danach werden sie gemahlen, aufgebrüht, verkostet und – bei bestandenem Test – freigegeben.

Ungeachtet modernster Technologien wacht stets ein erfahrener Röstmeister über den Röstprozess und überprüft jede einzelne Charge, bevor sie verpackt wird. Übrigens: Bei Turm Kaffee in Sankt Gallen werden die Blends bereits vor der Röstung zusammengestellt, während bei Bogen Kaffee in Schaffhausen erst die fertig gerösteten Kaffees verblendet werden – doch für beide Röstereien gilt: Es wird täglich frisch und auf Bestellung geröstet.

Das Turm-Kaffee-Sortiment umfasst, ebenso wie das Angebot von Bogen Kaffee, eine Vielzahl von Kaffeemischungen für jeden Geschmack, wobei Kenner die Gourmet-Mischung Turm Edel besonders für die Zubereitung des berühmten Schümli-Kaffees schätzen.

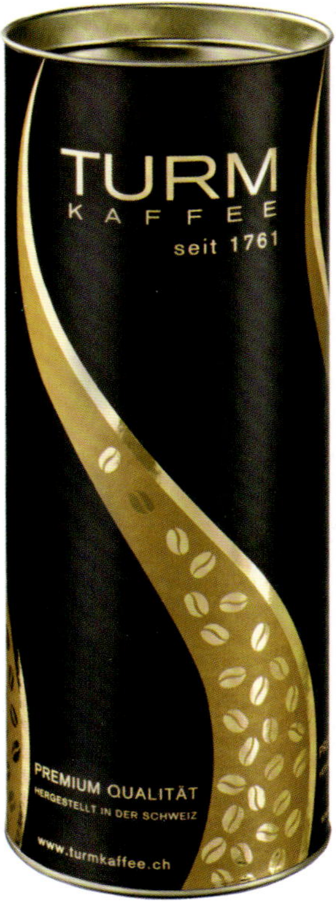

VAN DYCK

KÖLN · DEUTSCHLAND

Seit 2010 bereichern die Spezialitäten der Rösterei Van Dyck nicht nur die Kaffeelandschaft der Domstadt am Rhein, sondern werden auch in Cafés in Berlin, München, Mainz und Münster ausgeschenkt. Gegründet wurde das Unternehmen im lebendigen Kölner Stadtteil Ehrenfeld von Monika Linden und Martin Keß. Erklärtes Ziel der beiden war es, Kaffee zu machen, den sie selbst auch gern trinken und kaufen würden. Dass ihnen dies gelungen ist, lässt sich auch daran ablesen, dass inzwischen mit Köln-Mülheim ein weiteres aufstrebendes „Veedel" über eine Van-Dyck-Filiale verfügt.

Ihren Namen verdankt die Rösterei dem flämischen Barockmaler und Rubens-Schüler Anthonis van Dyck (1599–1641), der eine besondere Schwäche für die Farbe Braun hatte und sie virtuos einzusetzen verstand. So wurde ein auch als Kölnerbraun bekannter dunkelkaffeebrauner Farbton nach ihm als Van-Dyck-Braun benannt, und in genau diesem Braun kommen nach Angaben der Kölner Röster auch die Van-Dyck-Kaffees daher.

In der schicken Rösterei/Espressobar in Ehrenfeld, die 2012 mit einem renommierten internationalen Architekturpreis ausgezeichnet wurde, werden ausschließlich biologisch angebaute und fair gehandelte Rohkaffees verarbeitet. Die Röstung erfolgt im traditionellen Trommelröster, in dem die Bohnen langsam und schonend veredelt werden, sodass sie ihre vielfältigen Aromen optimal entfalten, während unerwünschte Gerb- und Bitterstoffe verschwinden.

Im Espressosortiment des Mikrorösters finden sich neben den Klassikern HORKHEIMER, ADORNO und EHRENFELDER noch die „volle Dröhnung" ROBUSTA 100% sowie der koffeinreduzierte HALBSTARKE und der koffeinfreie LIBERO. Bei den Filterkaffees locken Spezialitäten wie der unter dem Namen ROSSO vertriebene sortenreine Ethiopia Sidamo und der reinsortige Arabica HEIMSPIEL mit feiner Blaubeernote. Auch sehr beliebt ist der alljährlich zur Weihnachtszeit produzierte WEIHNACHTS-KAFFEE, der seinen besonderen Duft winterlichen Gewürzen wie Kardamom, Zimt, Nelken, Anis, Fenchel und Ingwer verdankt.

VICCI CAFFE

BAD BRAMSTEDT · DEUTSCHLAND

Stefan Müller und Andrej Pajdakovic

Seit 2008 macht sich die Mikrorösterei VICCI Caffe um die Kaffeekultur des kleinen schleswig-holsteinischen Städtchens Bad Bramstedt nördlich von Hamburg verdient. Hinter dem Projekt stehen Andrej Pajdakovic, der verantwortlich für Konzeption und Vertrieb zeichnet, und Röstmeister Stefan Müller. Heute gilt der Betrieb in Fachkreisen als Top-Adresse für Kaffeefeinschmecker: Doch der Weg dorthin war – wie die Kaffeeunternehmer betonen – nicht immer leicht, und gerade in den Anfangszeiten mussten die beiden diverse mehr oder weniger heftige Rückschläge einstecken. Über einige können sie inzwischen sogar lachen, so etwa über den Morgen, an dem sie feststellen mussten, dass man ihnen den Gasbrenner unter dem Trommelröster weggestohlen hatte.

Inzwischen ist längst ein neuer Brenner für den Probat-Röster beschafft. In der Anlage aus dem Jahr 1962 veredelt Müller die rohen Kaffeebohnen bei niedrigen Temperaturen langsam in anspruchsvolle Espressomischungen und herausragende Kaffeespezialitäten. Bei der Beschaffung der Rohkaffees setzen Pajdakovic und Müller vor allem auf den Direkthandel mit den Erzeugern, um langfristige Geschäftsbeziehungen aufzubauen. So können sie darauf vertrauen, dauerhaft mit Sorgfalt kultivierte, geerntete und aufbereitete Rohkaffees zu erhalten. Daneben überlassen sie die Beschaffung einiger Rohkaffees spezialisierten Händlern ihres Vertrauens. Ungeachtet der Bezugsquelle legen sie jedoch immer Wert darauf, dass der Kaffee ökologisch und sozial nachhaltig produziert wurde – und sind bereit, dafür Preise zu zahlen, die deutlich über Weltmarktniveau liegen.

Heute schon ein Klassiker in der VICCI-Range und dazu noch hochdekoriert ist der italienisch geröstete ESPRESSO SCHWARZ mit 75 Prozent Arabica-Bohnen aus Brasilien und Kolumbien und 25 Prozent Robusta aus Togo, der sich insbesondere für Milchmischgetränke eignet. Neben einer Handvoll weiterer Espressos und diversen Kaffeeblends wie etwa dem hell gerösteten, würzigen BEST OF GUATEMALA aus 100 Prozent Arabica-Bohnen mit ausgeprägten Schokoladennoten bereichern erlesene Herkunftskaffees in limitierter Röstung das Sortiment.

Kaffeerezepte

CAPPUCCINO

Für 4 Tassen
200 ml frisch gebrühter Espresso, 400 ml Milch, Kakaopulver zum Bestäuben, Zucker nach Geschmack

Ein typisch italienischer Cappuccino besteht zu je einem Drittel aus Espresso, heißer Milch und Milchschaum. Die Milch erhitzen und zur Hälfte aufschäumen. Espresso in dickwandige Tassen füllen, mit heißer Milch aufgießen und mit Milchschaum bedecken. Mit etwas Kakao bestäuben und den Zucker dazureichen.

EINSPÄNNER

Für 4 Gläser

100 ml Sahne, 4 Tl Zucker, 600 ml heißer starker Kaffee

Die Sahne steif schlagen. Den Zucker auf Gläser verteilen, den heißen Kaffee daraufgießen und umrühren. Je einen Klecks Sahne daraufgeben und sofort servieren. – Der Einspänner war das traditionelle Pausengetränk der Wiener Droschkenkutscher, nach deren Fahrzeugen er denn auch benannt wurde. Dazu serviert man immer ein Glas Wasser.

WÜRZIGER ZIMTKAFFEE

Für 4 Tassen

400 ml Milch, 4 El Honig, 1 Tl Zimt, 4 Tl Kakaopulver, 400 ml heißer starker Kaffee

Die Milch erhitzen, Honig und Zimt einrühren und aufkochen lassen. Den Kakao unterrühren. In Tassen füllen, mit dem heißen Kaffee auffüllen und sofort servieren.

TÜRKISCHER MOKKA

Für 6 Mokkatassen

6 El stark gerösteter, fein gemahlener Kaffee, 3 El Zucker, gemahlene Nelke, gemahlener Kardamom

Kaffeepulver, Zucker und 300 ml Wasser in einen kleinen, hohen Stieltopf geben. Gut verrühren und bei mittlerer Hitze zum Kochen bringen. Den Topf vom Herd nehmen und den Schaum, der sich gebildet hat, auf 6 Mokkatassen verteilen. 3 El kaltes Wasser in den Stieltopf geben. Mokka wieder zum Kochen bringen und sofort auf die Tassen verteilen. Mit einer Prise Kardamom und Nelke würzen. – Traditionell wird der türkische Mokka in einer kleinen Stielkanne zubereitet, die sich nach oben verjüngt. Diese „Cezve" unterstützt die Schaumbildung.

SCHOKOLADENMOKKA

Für 4 Tassen

50 g dunkle Schokolade (60 % Kakaoanteil), 4 ganze Kardamom-Kapseln, ¼ Tl gemahlener Koriander, 600 ml Milch, 4 El Honig, 200 ml frisch gebrühter Espresso

Die Schokolade fein reiben. Kardamom-Samen aus den Kapseln lösen und im Mörser zerreiben. Mit Koriander und Schokolade in die Milch geben und zum Kochen bringen. Den Honig einrühren und alles glatt rühren. Espresso auf Tassen verteilen und mit der Milch aufgießen.

CAFÉ MEXICO

Für 4 Tassen

150 ml Sahne, 100 g dunkle Schokolade (60 % Kakaoanteil), 750 ml heißer starker Kaffee, 1 Prise frisch geriebene Muskatnuss

Die Sahne steif schlagen. Die Schokolade zerbröckeln und im warmen Wasserbad schmelzen lassen. Den heißen Kaffee dazugießen und gut verrühren. Auf Tassen verteilen, mit einer Sahnehaube krönen und mit etwas Muskat bestäuben.

CAFÉ BLANC

Für 4 Gläser

100 g weiße Schokolade, 400 ml Milch, 400 ml heißer starker Kaffee, weiße Schokoladenraspel

Weiße Schokolade im warmen Wasserbad schmelzen. Die Milch erhitzen, aufschäumen und auf feuerfeste Gläser verteilen. Schokolade mit dem heißen Kaffee verrühren und über den Milchschaum gießen. Mit weißen Schokoladenraspeln bestreuen und servieren.

VANILLE-ORANGEN-KAFFEE

Für 4 Gläser

1 Vanilleschote, 1 unbehandelte Orange, 2–3 Tl brauner Zucker, ½ l starker Kaffee, 150 ml Sahne, 1 P. Vanillezucker

Vanilleschote der Länge nach aufschneiden und das Mark herauskratzen. Orange heiß abwaschen, trocken tupfen und sehr dünn abschälen. 4 Orangenschnitze zum Verzieren beiseitelegen. Vanillemark, Vanilleschote, restliche Orangenschale und Zucker in einen Topf geben. Kaffee dazugeben und etwa 5 Minuten erwärmen. Sahne mit Vanillezucker steif schlagen, Kaffee durch ein Sieb gießen und in Tassen füllen. Jeweils 2 El Sahne daraufgeben, mit den Orangenschnitzen verzieren und sofort servieren.

SWEET LADY

Für 4 Tassen
150 ml Sahne, 16 cl Bananenlikör, ¼ Tl gemahlener Ingwer, 600 ml heißer starker Kaffee

Sahne steif schlagen. Den Likör mit Ingwer verquirlen und in vorgewärmte Tassen geben. Mit heißem Kaffee auffüllen und mit einem Klecks Schlagsahne garnieren.

HOT RUSSIAN

Für 4 Tassen

400 ml Milch, 8 cl Wodka, 200 ml frisch gebrühter Espresso oder starker Kaffee, gemahlener Zimt, Zucker nach Geschmack

Die Milch heiß werden lassen und aufschäumen. Den Wodka auf 4 große Tassen verteilen, mit Espresso und Milchschaum auffüllen und mit Zimt bestäubt servieren. Nach Geschmack süßen.

RÜDESHEIMER KAFFEE

Für 4 Tassen

150 ml Sahne, 1 P. Vanillezucker, 16 cl Asbach Uralt, 12 Stück Würfelzucker, 800 ml heißer starker Kaffee, Schokoladenraspel zum Garnieren

Sahne mit Vanillezucker steif schlagen. 4 Kaffeebecher anwärmen, ebenso den Asbach Uralt. Je 3 Stück Würfelzucker in die Becher geben und den Asbach zugießen. Mit einem Streichholz anzünden und etwa eine Minute brennen lassen. Dabei mit einem Löffel umrühren. Mit heißem Kaffee bis 2 cm unter den Tassenrand auffüllen und mit einem Klecks Schlagsahne garnieren. Mit Schokoladenraspeln bestreuen und sofort servieren.

HOLLÄNDISCHER KAFFEE

Für 4 Gläser

150 ml Sahne, 16 cl Eierlikör, 800 ml heißer starker Kaffee, Zucker nach Geschmack, Instant-Kaffeepulver, Kakaopulver

Sahne steif schlagen. Den Eierlikör in vorgewärmte Gläser verteilen. Den heißen Kaffee nach Geschmack süßen und zum Likör gießen. Mit Schlagsahne garnieren und mit Kaffee- und Kakaopulver bestreuen.

IRISH COFFEE

Für 4 Gläser

150 ml Sahne, 16 cl irischer Whiskey, 8 Tl brauner Zucker, 200 ml heißer starker Kaffee, Schokoladenraspel

Sahne halbsteif schlagen. Den Whiskey erwärmen und in hohe, feuerfeste Gläser füllen, den Zucker zugeben. Mit Kaffee auffüllen und gut verrühren. Die Sahne über den Rücken eines Teelöffels auf den Kaffee fließen lassen, bis die Oberfläche 1–1,5 cm dick bedeckt ist. Nach Wunsch Schokoladenraspel auf die Sahnehaube streuen.

PHARISÄER

Für 4 Gläser

200 ml Sahne, 8 El Zucker, 16–24 cl brauner Rum (54 %), 600 ml heißer starker Kaffee

Die Sahne halbsteif schlagen. Zucker und Rum in einem Topf erwärmen und in hohe Kaffeegläser verteilen, mit dem Kaffee auffüllen. Die Sahne über einen Löffelrücken auf den Kaffee fließen lassen, sodass sie auf der Oberfläche schwimmt. Sofort servieren. – Das Nationalgetränk der Nordfriesen entstand angeblich bei einer Taufe im Jahr 1872: Als die Gemeinde mit der Sahnehaube vor ihrem Pastor verheimlichen wollte, dass sie ihren Kaffee heimlich mit Rum „verdünnt" hatte, nannte sie dieser „Pharisäer".

KAFFEEPUNSCH

Für 4 Gläser

700 ml heißer starker Kaffee, 8 Tl Zucker, 4 Gewürznelken, ¼ Tl gemahlener Zimt, 16 cl Rotwein, abgeriebene Schale von 1 unbehandelten Orange

Kaffee, Zucker, Nelken, Zimt und Rotwein in einen kleinen Topf geben. Heiß werden lassen, vom Herd nehmen und zugedeckt 2–3 Minuten ziehen lassen. Durch ein Sieb in Gläser abseihen. Mit frisch abgeriebener Orangenschale bestreuen und sofort servieren.

CAFÉ ANDALUSE

Für 4 Tassen
250 ml Kondensmilch, 2 El Kakaopulver, 4 El Zucker, 500 ml heißer starker Kaffee, 8 cl trockener Sherry, Schokoladenraspel zum Garnieren

Die Kondensmilch mit Kakaopulver und Zucker in einem Topf gut verrühren und zum Kochen bringen. Kaffee und Sherry unterrühren. In Tassen füllen und mit den Schokoladenraspeln bestreuen.

KAFFEE LUZ

Für 4 Gläser

8 Stück Würfelzucker, 16 cl guter Tresterbrand, 500 ml heißer starker Kaffee

Den Würfelzucker auf 4 feuerfeste Gläser verteilen. Je 4 cl Tresterbrand darübergießen und mit dem Kaffee auffüllen. Sofort heiß genießen.

FRANZÖSISCHER GROG

Für 4 Tassen

400 ml kräftiger Rotwein, 4 El Zucker, 500 ml heißer starker Kaffee

Rotwein mit Zucker zum Kochen bringen. Dabei rühren, damit sich der Zucker schnell auflöst. Vom Herd nehmen und den Kaffee einrühren. Auf Tassen verteilen und sehr heiß genießen.

CAFÉ D'APRÈS

Für 4 Gläser

600 ml Milch, 1 Zimtstange, 100 g dunkle Schokolade (60 % Kakaoanteil), Mark von 1 Vanilleschote, 200 ml heißer starker Kaffee, 8 cl Cognac, abgeriebene Schale von ½ unbehandelten Orange

Milch mit der Zimstange erhitzen. Schokolade in kleine Stücke brechen und in der Milch schmelzen. Bei mittlerer Hitze unter ständigem Rühren aufkochen lassen. Den Topf vom Herd nehmen und das Vanillemark einrühren. Kaffee, Cognac und Orangenschale in die heiße Milch rühren und kurz ziehen lassen. Durch ein Sieb in vorgewärmte, feuerfeste Gläser seihen und sofort servieren.

KAFFEE-EIERPUNSCH

Für 4 Gläser

7 Eigelb, 350 g Zucker, 700 ml heißer starker Kaffee

Eigelb mit Zucker zu einer hellen, dicken Creme rühren. Zunächst 3 El Kaffee kräftig unterrühren, dann den restlichen Kaffee einrühren und bei milder Hitze unter ständigem Rühren erhitzen, bis die Masse steigt. In vorgewärmte Punschgläser füllen.

ESPRESSO-SHAKE

Für 4 Gläser

4 Tassen kalter Espresso, Zucker nach Geschmack, 12 Eiswürfel

Alle Zutaten in einen Standmixer geben und schaumig mixen. In Longdrinkgläser füllen und sofort servieren.

WIENER EISKAFFEE

Für 4 Gläser

*800 ml kalter Espresso oder starker Kaffee, 8 Kugeln Vanilleeis,
150 ml Sahne, dunkle Schokoladenraspel*

Espresso im Kühlschrank gut durchkühlen lassen. Das Vanilleeis auf 4 große Gläser verteilen und den kalten Kaffee darübergießen. Sahne steif schlagen, einen Klecks auf jedes Glas geben und mit Schokoladenraspeln garnieren. Mit langem Löffel und Strohhalm servieren.

CARIBBEAN COFFEE

Für 4 Gläser

320 ml frisch gebrühter Espresso, 4 Tl Zucker, 2 Tl Kakaopulver, 4 Kugeln Vanilleeis, 120 ml Ananassaft, Kakaopulver zum Garnieren

Heißen Espresso gut mit Zucker und Kakao verrühren und 3 Stunden zugedeckt im Kühlschrank durchkühlen lassen. Das Vanilleeis mit Ananassaft und Kaffee schaumig schlagen und in gekühlte Gläser füllen. Mit Kakao bestäuben und servieren.

ICED CAPPUCCINO

Für 6 Gläser

6 Tassen Espresso, 2–3 El Zucker, 8 Eiswürfel, 150 ml kalte Milch

Den Espresso im Kühlschrank sehr kalt werden lassen. Espresso, Zucker und Eiswürfel im Standmixer so lange mixen, bis das Eis fein zerkleinert ist. Milch dazugeben und gut verrühren. Sofort in Gläser füllen und servieren.

COFFEE PLEASURE

Für 4 Gläser

80 ml frisch gebrühter Kaffee, 8 cl Kaffeelikör, 8 cl Brandy, 8 cl Wodka, 8 Eiswürfel

Den Kaffee zugedeckt im Kühlschrank durchkühlen lassen. Alle Zutaten im Standmixer kräftig mixen, bis das Eis fein zerkleinert ist. In Cocktailgläser abseihen.

NIGHTDREAM

Für 4 Gläser

4 Kugeln Mokkaeis, 8 cl Kaffeelikör, 120 ml frisch gebrühter Espresso, 4 Eiswürfel, Schlagsahne und Eierlikör zum Garnieren

Das Mokkaeis in Gläser füllen und mit Kaffeelikör begießen. Den warmen Espresso mit den Eiswürfeln kräftig schütteln und lauwarm über das Eis geben. Mit einem Klecks Schlagsahne und ein wenig Eierlikör dekorieren.

EISKAFFEE RIO

Für 4 Gläser
400 ml frisch gebrühter starker Kaffee, 60 g Vollmilchkuvertüre, 400 ml Milch, 8 cl weißer Rum, 4 Kugeln Vanilleeis

Den Kaffee zugedeckt im Kühlschrank durchkühlen lassen. Kuvertüre in kleine Stücke brechen. Milch in einem Topf aufkochen und die Kuvertüre darin schmelzen lassen. Vom Herd nehmen, abkühlen lassen und ebenfalls zugedeckt etwa 2 Stunden durchkühlen. Kaffee und Schokolade in Gläser geben, den Rum unterrühren. Je 1 Kugel Vanilleeis zugeben und mit Strohhalmen servieren.

CAFÉ AMOUREUX

Für 4 Gläser

600 ml frisch gebrühter Kaffee, 8 Eiswürfel, 4 Eigelb, 8 cl Rum, 8 Tl feiner Zucker, 120 ml Sahne

Den Kaffee zugedeckt im Kühlschrank durchkühlen lassen. Eiswürfel auf Cocktailschalen verteilen. Eigelb mit Rum und Zucker so lange rühren, bis sich der Zucker aufgelöst hat. Kaffee darübergießen, alles verquirlen und über die Eiswürfel gießen. Flüssige Sahne darübergeben und servieren.

REGISTER

KAFFEEWISSEN

KAFFEERÖSTER

KAFFEEREZEPTE

Bildnachweis

Studio Klaus Arras, Köln: S. 183

Colourbox.de: S. 7, 34, 35 r., 44 r., 174/175

Deutscher Kaffeeverband: S. 32 r., 55

dpa Picture-Alliance GmbH, Frankfurt/M.: S. 15–21, 23–26, 28–31, 44 l., 46, 49, 53

Food Fotografie Michael Brauner: S. 176–182, 184–203

Fotolia.com: S. 2 (© Maksim Shebeko), 3 (© Robert Leßmann), 4/5 (© Alextype), 8 (© aļ62), 9 (© Syda Productions), 10/11 (© Robert Leßmann), 12 (© Romolo Tavani), 13 (© zia_shusha), 22 l. (© M. Schuppich), 22 r. (© Jana Behr), 27 (© VadimGuzhva), 32 l. (© Valentina R.), 33 (© Cornelia Pithart), 35 l. (© tiagozr), 36/37 (© Fotos 593), 37 (© Tilo Grellmann), 38 (© elhielo), 39 (© eyewave), 40 (© travelphotos), 41 (© nehemykerastase), 42 (© katzeye7), 43 (© eqroy), 45 l. (© bhakpong), 45 r. (© bah69), 47 o. (© Anastasiia), 47 u. (© ngung), 48 (© Jörg Volkmann), 51 (© ivanmateev), 52 (© picattos), 54 l. (© piberger), 54 r. (© loca4motion), 56 (© tawesit), 57 (© mavoimages), 58 (© Magryt), 59 (© czarny_bez), 60 (© denisismagilov), 61 (© WavebreakmediaMicro), 62 (© bpbomb), 63(© phanthit_6280), 64 (© redkphotohobby), 65 (© structuresxx), 66 (© Brent Hofacker), 67 (© Rawpixel.com), 68 (© Kzenon), 69 (© Sabine Hürdler), 70/71 (© mavoimages), 207 (© nolonely)

Alle Produktabbildungen stammen – soweit nicht anders angegeben – von den jeweiligen Herstellern und Vertriebspartnern.